DU MÊME AUTEUR

Aux Éditions Gallimard

LA RUMEUR DU SOLEIL, *roman,* 1989 (« Folio », nº 2662).

LE DONJON DE LONVEIGH, *roman,* 1991 (« Folio », nº 5870).

LE PASSAGE DE L'AULNE, *roman,* 1993 (« Folio », nº 2859).

LIVRES DES GUERRIERS D'OR, *roman,* 1995 (« Folio », nº 4182).

LE SONGE ROYAL. *Louis II de Bavière,* 1996.

L'INVENTEUR DE ROYAUMES. *Pour célébrer Malraux,* 1996.

LES SEPT NOMS DU PEINTRE. *Vies imaginaires d'Erich Sebastian Berg, roman,* 1997. Prix Médicis 1997 (« Folio », nº 3473).

DOUZE ANNÉES DANS L'ENFANCE DU MONDE, *récit,* 1999.

STÈLES À DE GAULLE, *essai,* 2000.

LE ROI DORT, *roman,* 2001. Prix Charles-Oulmont de la Fondation de France 2001 (« Folio », nº 6721).

LES MARÉES DU FAOU, *roman,* 2003 (« Folio », nº 4057).

APRÈS L'ÉQUINOXE, *roman,* 2005.

LA CONSOLATION, *roman,* 2006.

FLEURS DE TEMPÊTE, *récit,* 2008 (« Folio », nº 5443).

LE BATEAU BRUME, *roman,* 2010 (« Folio », nº 5223).

STÈLES À DE GAULLE suivi de JE REGARDE PASSER LES CHIMÈRES, *essai,* 2010 (« Folio », nº 5057).

L'INTIMITÉ DE LA RIVIÈRE, *récit,* 2011.

LE PONT DES ANGES, *roman,* 2012 (« Folio », nº 5675).

LES ANNÉES INSULAIRES, *roman,* 2013 (« Folio », nº 6226).

PARIS INTÉRIEUR, *récit,* 2015.

LE PAPE DES SURPRISES, *essai,* 2015.

GÉOGRAPHIES DE LA MÉMOIRE, *récit,* 2016 (« Folio », nº 6392).

NOVEMBRE, *récit,* 2017 (« Folio », nº 6559).

LA ROUTE DE LA MER, *roman,* 2018 (« Folio », nº 6720).

Suite des œuvres de Philippe Le Guillou en fin de volume

NOTRE-DAME DE L'UNIVERS

PHILIPPE LE GUILLOU

NOTRE-DAME DE L'UNIVERS

L'UNIVERS DE NOTRE-DAME

récit

nrf

GALLIMARD

Il a été tiré de l'édition originale de cet ouvrage trente-cinq exemplaires sur vélin rivoli des papeteries Arjowiggins numérotés de 1 *à* 35.

À ma mère.
À Olivier Ribadeau Dumas.

Donnez-moi votre cathédrale où tout sera si ressemblant
À la rue au vivre ordinaire
Sous le soleil morcelé des vitraux la roue atroce des vitraux
Et la lumière est l'écorché dont l'épingle tire les nerfs
Si ressemblante la douleur d'alors à la douleur moderne [...]
Une cathédrale pour mon royaume
Pour ce royaume de misère en moi que je porte
Ce royaume de splendeur en moi que je porte
Comme un enfant craintivement qui commence à bouger.

ARAGON,
Les Adieux et autres poèmes,
« L'an deux mille n'aura pas lieu »

UNE SYMPHONIE DE PIERRE

1

Je commence ce livre, que je mûris depuis plusieurs mois, en ce premier jour de mai – mois marial par excellence – dans mon Finistère natal, très loin, géographiquement, du sujet qui va nous occuper tout au long de ces pages. Plus de six cents kilomètres me séparent, en effet, de la cathédrale parisienne dressée sur son île au milieu de la Seine, les cathédrales de Quimper et de Rennes sont bien plus proches ; elles entretiennent, elles aussi, un lien de proximité avec une rivière – l'Odet pour la mère des églises finistériennes, la Vilaine pour la métropole rennaise – et elles m'ont également inspiré puisque j'ai écrit, en 1999 et 2014, les textes de deux cantates qui y ont été données au moment de leur réouverture complète après de longs travaux de restauration et d'embellissement.

Sans doute aussi la proximité n'est-elle pas seulement affaire d'espace : pour mille raisons, Notre-Dame de Paris m'a toujours intimidé, autant qu'elle me fascinait, alors que j'entre, presque de plain-pied, dans les deux cathédrales bretonnes. À chacune de mes visites à Quimper, je ne manque jamais de traverser l'Odet au cours envahi de longues algues vertes pour déambuler dans la nef de Saint-Corentin à l'axe légèrement dévié ; à Rennes, et c'est presque un rite, j'aime traverser la cathédrale Saint-Pierre du chœur au narthex et j'éprouve un plaisir inentamé en revoyant les chapeaux rouges des cardinaux pendus aux caissons du plafond du déambulatoire, usage qui s'est perdu, comme tant d'autres, dans la vague de l'après-concile…

À Paris, l'émotion revêt une autre forme mais elle est très vive aussi. Je n'ai jamais été séduit par la façade de Notre-Dame, les tours tout particulièrement, qui ont suscité dans l'imagination d'Henri Thomas un beau et tragique récit[1] dont nous reparlerons, et je ne suis pas loin de les trouver, comme Huysmans, « mastoques et sombres, presque éléphantes[2] », lourdes assurément. Je n'irai pas jusqu'à dire, tel l'oblat manqué de Ligugé, qu'« elles paraissent accablées par le poids des péchés, retenues par le vice de la ville au sol[3] » mais Huysmans me semble voir juste quand il déplore « l'effort de leur ascension » et plus encore, à cause de leur couleur, la tristesse des abat-sons.

Notre-Dame, à mes yeux, n'est jamais si belle que lorsqu'on la considère du pont de la Tournelle, gracile et majestueuse, avec son chevet élancé, ses hautes verrières, la finesse des arcs-boutants, l'élégance – j'ose le mot – de la flèche de Viollet-le-Duc.

De ce pont – un véritable poste d'observation entre le

1. Henri Thomas, *Les Tours de Notre-Dame*, Gallimard, 1977.

2. Joris-Karl Huysmans, *La Cathédrale*, Gallimard, coll. « Folio », 2017, p. 181.

3. *Ibid.*, p. 181.

quai de Béthune et la rue de Bièvre –, on mesure aussi l'importance de la situation de la cathédrale, de son chœur qui est comme une étrave inversée, à contre-courant, du jeu qu'elle entretient avec le fleuve. Creusant, à l'époque du paléolithique, son lit actuel, la Seine a façonné tout un chapelet d'îles dont les principales, d'amont en aval, reçurent les noms d'île aux Javiaux ou Louviers, de Notre-Dame puis Saint-Louis de la Cité, Maquerelle ou des Cygnes... La plus importante était celle de la Cité, et c'est sur sa terre rongée par les eaux qu'a poussé Notre-Dame.

C'est sur ce pont que je me suis rendu au lendemain de l'Apocalypse. Et, au seuil de ce livre, je me contenterai de recopier les notes prises alors :

Mardi 16 avril 2019

Promenade matinale et recueillement sur l'île Saint-Louis, face au chevet de Notre-Dame dépouillée de sa toiture. La vue sur l'abside, du pont de la Tournelle, c'est toujours ce que j'ai préféré. Beaucoup de badauds, silencieux, sidérés. Pause dans un café boulevard Saint-Germain : G. débarque. Tout est bon pour la campagne électorale qui ne souffre pas de trêve...

Découverte des images de l'intérieur de la cathédrale dévastée. Les rosaces et le grand orgue sont sauvés, la statue de la Vierge du XIVe aussi ; l'autel de Touret, lui, doit être écrasé sous un monceau de solives calcinées ; la voûte, à la croisée du transept, est ouverte... Le pignon du transept nord serait fragilisé. À la télévision, sur un ton très ecclésiastique, lyrique, presque royal, le président de la République, assis au bureau du général de Gaulle, ordonne une restauration en cinq ans de l'édifice. C'est courageux mais cela semble irréaliste. 2024, l'année des Jeux olympiques…

2

Au lendemain du désastre et les jours qui ont suivi, l'émoi a été considérable. On peut risquer le mot : il a pris une dimension planétaire. C'est dire la puissance de ce que représente cette cathédrale pour les chrétiens de France et du monde entier, pour les pèlerins et les touristes, tous les visiteurs et les *piétons de Paris* pour qui ce bâtiment est plus qu'un simple édifice ayant traversé le temps et ses ravages – un sanctuaire, un monument, un symbole.

Le prestige et le rayonnement de Notre-Dame de Paris dépassent très largement le périmètre de son île d'attache et son diocèse, de la capitale dont elle est le cœur, du pays dont elle est le centre : l'attestent, sur les axes convergeant vers Paris, les indicateurs kilométriques qui la désignent comme l'ombilic de l'antique Lutèce, carrefour des routes de France et des nations du monde.

La destruction, miraculeusement partielle, de la cathédrale a aussi déclenché son lot d'interrogations, de supputations et de polémiques. Certains se sont arrêtés au fait que l'incendie se fût déclaré au seuil de la semaine sainte, y voyant comme un signe adressé à une France qui ne mériterait plus son titre de fille aînée de l'Église. Les complotistes de tout bord et de tout poil y sont allés de leurs justifications et de leurs interprétations abracadabrantesques. D'autres encore, plus matérialistes, mais aussi plus rationnels donc plus raisonnables, ont souligné le mauvais état de la construction, l'absence criante d'entretien, le fait que l'édifice fût en travaux – une négligence est vite arrivée, un chalumeau mal éteint, un mégot oublié… –, le fait aussi qu'il fût insuffisamment surveillé et que des intrus en mal d'aventure urbaine pussent escalader les murailles de la cathédrale et se balader sur les toits, au milieu des gargouilles…

La cathédrale du monde entier aura bénéficié d'une caisse de résonance à la hauteur de ce qu'elle symbolise. On s'est ému, on s'est chamaillé, le délire et l'absence de lucidité et de sang-froid ont pris le pas sur une approche sereine et raisonnée de la situation : certes la cathédrale était ravagée mais ses murs et ses beffrois heureusement préservés tenaient encore, les admirables rosaces avaient échappé aux flammes, la coque du sanctuaire était intacte, le chœur n'était que partiellement détruit, la couronne d'épines et la statue de la Vierge du pilier avaient été sauvées.

C'était sans doute peu quand on considérait l'ampleur des dégâts, la voûte en partie effondrée, le spectacle de désolation qu'offrait la nef noircie de cendres et copieusement arrosée, la flèche de Viollet-le-Duc – assurément l'emblème du sanctuaire, de l'île de la Cité, et sans doute au-delà – métamorphosée en torche ardente et envolée en fumée… Oui, c'était peu sans doute mais il y avait là comme les germes d'une possible et rapide renaissance.

Après avoir passé la nuit du 15 au 16 avril 2019 à l'Hôtel de Ville, la relique achetée par Saint Louis a été transférée dans les réserves, plus sûres, du musée du Louvre. La statue de la Vierge du pilier a été installée à Saint-Germain-l'Auxerrois désormais destinée, tout le temps que dureraient les travaux de restauration, à accueillir les célébrations liturgiques de la cathédrale.

Ce que l'on voit, sur le parvis de Notre-Dame, n'est qu'une copie remarquablement faite ; l'original, peu de gens le savent, se trouve aujourd'hui dans cette belle église inconnue, dans ce quadrilatère ingrat et sans vie véritable, situé entre la colonnade de Perrault et la mairie du 1er arrondissement : la statue miraculée et la sainte couronne se font face…

Très vite aussi, m'a-t-il semblé, dans les polémiques et les commentaires qui proliféraient, on a oublié la vertu première d'une cathédrale. Une cathédrale n'est pas un édifice comme les autres. Une cathédrale est bien plus qu'un monument historique, c'est-à-dire souvent un assemblage de pierres mortes… La vocation première d'une cathédrale, c'est d'accueillir la cathèdre, le siège de l'archevêque. Celle du primat des Gaules est comme intégrée dans le mur du chevet de la primatiale Saint-Jean, elle s'ancre historiquement dans ces moellons qui sortent des berges de la Saône.

La cathèdre parisienne – on peut le regretter – n'a pas cette majesté et, depuis les derniers aménagements du début des années 2000, elle était comme dissimulée tout au bout des stalles : elle ressemblait bien plus à une baignoire boisée qu'au siège imposant et visible du pasteur de l'Église qui est à Paris.

Oui, cette dimension sacrée de la cathédrale est essentielle, elle passe avant toutes les autres considérations, bien avant les prouesses de la technique et les sublimes accomplissements de l'art. Notre-Dame de Paris n'est ni le château de Versailles ni le Grand Trianon.

Notre-Dame de Paris a pour vocation, certes d'abriter le siège de l'évêque, mais plus encore les fidèles qui viennent y prier. Cela, notre société sécularisée, déchristianisée, l'oublie trop souvent. Évidemment la cathédrale doit demeurer ouverte à tous mais il ne faut pas oublier ce qu'elle est intrinsèquement : un lieu pour la prière et la liturgie, un assemblage mystérieux de pierres vivantes…

Avant d'entamer la rédaction de ce livre, j'ai voulu revoir, tout au bout des terres, au commencement de la presqu'île de Crozon, l'abbaye de Landévennec que j'aime tant. C'était un jour étrange que ce dimanche 30 avril 2023 : à l'office dominical de 11 heures à Rumengol, nous avions attendu en vain l'arrivée du prêtre chargé de célébrer la messe. En ce dimanche des vocations où l'on proclame l'Évangile du Bon Pasteur, c'était un comble. C'était surtout le signe d'une Église finistérienne de plus en plus moribonde ; la baroque « église des bois » a perdu son statut de foyer attractif, pourtant immémorialement attesté. Nous aurions droit à la liturgie de la Parole, et surtout à l'observation involontaire d'un pauvre choucas égaré, tournoyant au milieu des statues et des retables, à un office sans prêtre – une messe amputée de l'essentiel.

Pour panser cette blessure, je me suis mis à lire *Les Cathédrales françaises* de Charles Morice que vendaient, dans leur belle librairie, les moines de l'Aulne, et ces lignes m'ont frappé :

Avant tout, et ce qu'il ne faut jamais perdre de vue, la Cathédrale est bien un lieu religieux, *domus orationis.* Si les fidèles peuvent y être appelés par d'autres intérêts que ceux de leur salut, c'est de tout ce qui le concerne qu'il s'y agit principalement. L'enseignement que le chrétien doit y recevoir, c'est donc, surtout, celui de sa religion ; le spectacle qui l'y attend, c'est la célébration des rites, à laquelle il participe [1].

Domus orationis: la formule est superbe. À la fois, une vérité primordiale et un horizon : celui du plein *relèvement* d'un chef-d'œuvre dévasté.

1. Charles Morice, *Les Cathédrales françaises. L'art du Moyen Âge*, Éditions Patrimoine & Spiritualité, 2022, p. 35.

3

Chef-d'œuvre dévasté : si l'on s'en tient aux images diffusées après le sinistre, la *domus orationis* de Maurice de Sully, l'évêque bâtisseur du XIIe siècle, n'est plus qu'une *domus cinerum*, abondamment arrosée par les lances des pompiers qui ont sauvé l'édifice, et l'on songe à ce beau titre d'un romancier aujourd'hui injustement oublié : *L'Eau et les cendres*[1].

L'eau des pompiers a éteint l'incendie, elle a permis de sauvegarder les murs, les vitraux, le grand orgue, les chapelles et leurs magnifiques décors qu'on ne voyait plus, mais elle s'est infiltrée entre les pierres, elle a fragilisé une maçonnerie chauffée à blanc. On imagine volontiers qu'elle a inondé le caveau des archevêques…

Le général Jean-Louis Georgelin, chargé de la reconstruction qu'il pilotait et coordonnait de son poste de commandement de l'Élysée, n'avait pas tort lorsqu'il soulignait que la cathédrale avait résisté et qu'elle n'était pas

1. Claude Faraggi, *L'Eau et les cendres*, Mercure de France, 1974.

aussi ravagée que des esprits défaitistes et chagrins avaient bien voulu le dire, l'imaginant déjà condamnée et donc non relevable[1].

Il n'empêche… Rien de plus saisissant que ce cliché, pris en mars 2023, à l'entrée de l'exposition de la Cité de l'architecture, consacrée à Notre-Dame sous l'intitulé « Des bâtisseurs aux restaurateurs », et qui montre le chœur envahi de poutres et de pierres, la nef aussi : les chaises ont été écrasées par la chute des éléments de la voûte ; l'autel, cher au cœur du cardinal Lustiger qui l'avait commandé, a disparu sous les solives de la « forêt » calcinée. Émergent, rescapés de ce chaos, l'ambon de Duthilleul qui surplombe désormais une marée de gravats et la Vierge du pilier, intacte, d'une blancheur immaculée, sauvée des flammes, des eaux, et des pierrailles de la voûte.

Dans un roman d'Alejo Carpentier, *Le Siècle des Lumières*, un tableau représentant une explosion dans une cathédrale scande le récit de manière quasi hypnotique. Cette vue de l'intérieur de Notre-Dame en avril 2019 a, de la même façon, hanté mon imagination et ma rêverie. C'était une image fascinante et inconcevable, tragique et insoutenable.

Hélas Notre-Dame de Paris n'était pas la première à brûler. Au siècle précédent, il y avait eu la cathédrale de Reims incendiée par les bombes allemandes en septembre 1914, et aussitôt les agresseurs s'étaient vus mis au ban des sociétés civilisées pour ce qui serait irrémédiablement reçu comme un acte de vandalisme inouï.

Au XXe siècle encore, mais de manière accidentelle

1. Entretien avec l'auteur, au palais de l'Élysée, le lundi 13 mars 2023.

cette fois, à l'occasion de travaux de restauration de sa couverture, c'est la cathédrale de Nantes qui a pris feu. Ainsi le souvenir des images de la toiture de son chœur embrasé, ouvrant le journal d'*Information Première* que présentait Joseph Pasteur le 28 janvier 1972, ne m'a jamais quitté.

La maison de prière est devenue la maison des cendres, un sanctuaire à ciel ouvert, profané par la pluie de pierres, le plomb fondu, les cataractes d'une eau salvatrice, mais terriblement dévastatrice aussi.

Le chœur du sacre de Napoléon, de l'ardent *Magnificat* du 26 août 1944, de la messe de requiem à la mémoire du général de Gaulle, des visites pontificales de Jean-Paul II et Benoît XVI est à présent un espace souillé, bousculé et noirci qui a perdu sa cathèdre et son autel. Heureusement, tout au fond, au-dessus du maître-autel préconciliaire, la croix dorée de Marc Couturier luit encore.

« L'espoir luit comme un brin de paille dans l'étable… », disait Verlaine. Cette croix brille comme un horizon radieux, tout au bout des gravats et des solives carbonisées : elle symbolise l'or intact de la *domus orationis* bientôt relevée.

4

Nombre de nos contemporains ignorent la vocation première d'une cathédrale : c'est, pour eux, une immense église, un monument, un bâtiment religieux qui en impose par sa taille, sa dimension sacrée et aussi les mystères qu'il renferme. Ce mystère n'est assurément pas celui de la transsubstantiation, celui du pain changé en chair, du vin changé en sang, qui commémorent la Cène du Christ, son sacrifice au Golgotha – le seuil et le sommet du triduum pascal. La cathédrale est nimbée d'une aura mythique et elle la doit au XIXe siècle, et précisément au romantisme.

C'est bien l'élan et la fièvre romantique qui conduisent les hommes de la génération de 1830 à redécouvrir la puissance et la beauté de l'architecture gothique, et l'artisan majeur de cette redécouverte, qui dépasse la seule prise en compte des pierres et de leur vertigineux agencement, celui qui, par la puissance d'un roman, impose un authentique « imaginaire de la cathédrale », est un jeune écrivain de vingt-neuf ans. En effet, c'est Victor Hugo qui, avec la publication de *Notre-Dame de Paris* en 1831, remet la cathédrale au centre des admirations et des fascinations, en la dotant d'une vie propre, en lui redonnant surtout souffle et palpitation, loin, très loin de l'image qu'en ont les hommes de son temps, c'est-à-dire une défroque minérale, glaciale, vide et morte, affreusement abîmée par les saccages de la Révolution.

Toutes les cathédrales du monde n'ont certes pas cette portée mythique, elles ne sont pas toutes enveloppées d'une pareille aura de poésie et de mystère, de cette sacralité littéraire qui traverse les années et agit encore aujourd'hui. Et cela, on le doit au seul Hugo qui arrache l'édifice à l'orbe strict de la religion, donc aux princes de l'Église.

Au chapitre II du livre V de *Notre-Dame de Paris,* dans un de ces éblouissants survols de l'Histoire dont Hugo a le secret, il n'hésite pas à affirmer :

> La cathédrale elle-même, cet édifice autrefois si dogmatique, envahie désormais par la bourgeoisie, par la commune, par la liberté, échappe au prêtre et tombe au pouvoir de l'artiste. L'artiste la bâtit à sa guise. Adieu le mystère, le mythe, la loi. Voici la fantaisie et le caprice. Pourvu que le prêtre ait sa basilique et son autel, il n'a rien à dire. Les quatre murs sont à l'artiste. Le livre architectural n'appartient plus au sacerdoce, à la religion, à Rome : il est à l'imagination, à la poésie, au peuple[1].

On passe ainsi – et l'énergie et l'audace hugoliennes n'ont pas de limites – d'une cathédrale occupée, confisquée par les clercs à un vaste espace d'invention et

1. Victor Hugo, *Notre-Dame de Paris,* Gallimard, « Bibliothèque de la Pléiade », 1975, p. 178.

de liberté, à une sorte d'œuvre collective qui est la marque de l'art gothique. L'art roman demeure l'apanage de la caste sacerdotale : « On y sent partout l'autorité, l'unité, l'impénétrable, l'absolu, Grégoire VII ; partout le prêtre, jamais l'homme ; partout la caste, jamais le peuple. » Heureusement, dans la succession des âges revisitée par Hugo, au moment des Croisades, cette autorité immémoriale est comme minée, l'unité même se brise, « la féodalité demande à partager avec la théocratie, en attendant le peuple qui surviendra inévitablement et qui se fera, comme toujours, la part du lion ».

C'est une véritable révolution qui s'opère là. L'architecture des clercs est battue en brèche, ses principes ancestraux que sont « l'immutabilité, l'horreur du progrès, la conservation des lignes traditionnelles, la consécration des types primitifs » ont produit « des livres ténébreux que les initiés seuls savent déchiffrer[1] ».

Dans une formule aussi heureuse que saisissante, le romancier romantique et gothique ne craint pas de noter que « dans toutes ces architectures, il semble que la roideur du dogme se soit répandue sur la pierre dans une seconde pétrification ». Ce temps est miraculeusement révolu.

« La variété, le progrès, l'originalité, l'opulence, le mouvement perpétuel » l'emportent désormais et il faut voir là le signe des « maçonneries populaires ». Ces constructions nouvelles sont pleinement de leur époque, « elles sont du siècle » ; entièrement placées sous le sceau de l'humanité, elles s'ouvrent à l'intelligence et à l'imagination, et les symboles qu'elles arborent se livrent aisément au décryptage :

1. *Ibid.*, p. 181.

il y a là une stimulation apéritive et fraternelle, collective même, et plus seulement l'opacité de grimoires minéraux indéchiffrables dont la lecture demeurait le privilège d'une poignée de doctes initiés…

Certes *Notre-Dame de Paris* est un roman, un vrai roman avec une intrigue et des personnages singuliers, inoubliables, qui marquent durablement le lecteur. Mais c'est aussi un livre étrange, bavard, profus, truffé de parenthèses et de digressions où l'auteur se glisse dans la peau de l'esthète et de l'historien d'art.

On l'a dit : l'église cathédrale de Paris n'a rien de roman mais, à en croire le jeune démiurge, elle n'est pas encore pleinement gothique :

> Notre-Dame de Paris n'a point, comme l'abbaye de Tournus, la grave et massive carrure, la ronde et large voûte, la nudité glaciale, la majestueuse simplicité des édifices qui ont le plein cintre comme générateur. Elle n'est pas, comme la cathédrale de Bourges, le produit magnifique, léger, multiforme, touffu, hérissé, efflorescent de l'ogive. Impossible de la ranger dans cette antique famille d'églises sombres, mystérieuses, basses et comme écrasées par le plein cintre ; presque égyptiennes au plafond près : toutes hiéroglyphiques, toutes sacerdotales, toutes symboliques ; plus chargées dans leurs ornements de losanges et de zigzags que de fleurs, de fleurs que d'animaux, d'animaux que d'hommes ; œuvre de l'architecte moins que de l'évêque […]. Impossible de placer notre cathédrale dans cette autre famille d'églises hautes, aériennes, riches de vitraux et de sculptures […]. Notre-Dame de Paris n'est pas de pure race romane comme les

premières, ni de pure race arabe comme les secondes. C'est un édifice de la transition[1].

Ces lignes sont savoureuses : le romancier s'y mue en essayiste mais plutôt en commentateur, à la langue abondante, généreuse, charnue, pleine d'adjectifs comme si, de Hugo à Grainville, sans évidemment oublier Claudel, on ne pouvait chanter le haut vaisseau de l'île de la Cité, on ne pouvait célébrer sa dimension mythique et littéraire que lorsque l'on habite pleinement la langue française et que l'on a un sens aigu du verbe, de ses ressources, de sa pâte et de sa couleur.

Le sens de la formule qui fait mouche aussi : ayant retracé le cheminement de l'architecte saxon qui finissait de dresser les premiers piliers de la nef, quand est apparue l'ogive dont la forme, selon Hugo, provient de la croisade, et voulant saisir au plus près cette transition du roman au gothique qui caractérise, d'après lui, Notre-Dame, il écrit : « C'est la greffe de l'ogive sur le plein cintre[2]. »

Tout est dit et de quelle manière ! La virtuosité du romancier, son assurance, son aisance sans complexe agaceraient presque aujourd'hui, à une époque, frileuse et constipée, où la hauteur de vue, un usage flamboyant de la langue, une certaine façon aussi de « faire la leçon » sont très vite perçus comme la marque de fabrique d'un esprit sentencieux et peu sujet au doute.

Qu'importe ! J'avoue me régaler de ces formules bien frappées – « Chaque flot du temps superpose son alluvion,

1. *Ibid.*, p. 110-111.
2. *Ibid.*, p. 111.

chaque race dépose sa couche sur le monument, chaque individu apporte sa pierre. Ainsi font les castors, ainsi font les abeilles, ainsi font les hommes. Le grand symbole de l'architecture, Babel, est une ruche » ; « Le temps est l'architecte, le peuple est le maçon[1] » – qui, en leur temps, marquèrent les esprits.

La nouveauté des thèses de Hugo ne pouvait que séduire. Certes il s'était documenté, il avait lu, et c'est justice de rappeler qu'il s'était nourri de la lecture de Sulpiz Boisserée. Mais l'ampleur de l'œuvre et le prestige de la fiction, la conduite aussi d'une narration souveraine et captivante y étaient pour beaucoup.

Hugo ne se contente pas de saisir, au plus près, l'essence du monument, il ouvre, il étoffe, il extravague, il ne sera jamais un triste et sec inspecteur des Monuments historiques, un de ces inspecteurs des ruines comme le dira plus tard Elsa Triolet, attentif qu'il est pourtant à l'usure des ans, aux dégradations, aux mutilations, aux rides et aux cicatrices de la « vieille reine de nos cathédrales[2] ».

Il a un pied dans la fiction, dans l'emballement du récit, dans ce foisonnement narratif qui fonde vraiment l'imaginaire de la cathédrale, et l'autre dans l'exacte réalité du cadastre parisien, aux sources mêmes de la *forme d'une ville*: « Paris est né […] dans cette vieille île de la Cité qui a la forme d'un berceau. La grève de cette île fut la première enceinte, la Seine son premier fossé. Paris demeura plusieurs siècles à l'état d'île, avec deux ponts, l'un au

1. *Ibid.*, p. 112-113.
2. *Ibid.*, p. 106.

nord, l'autre au midi, et deux têtes de pont [...]. Puis, dès les rois de la première race, Paris passa l'eau[1]. »

Ce chapitre, « Paris à vol d'oiseau », précède, au chapitre II du livre III, le survol architectural et historique que nous avons déjà cité. Il retrace l'extension de Paris, ville en expansion, il rappelle que la capitale du XVe siècle « était déjà une ville géante[2] », il revient aux sources mêmes de la cathédrale insulaire, à ce berceau alluvionnaire qui est aussi comme un bateau, entre le Louvre et l'Université, entre le savoir et le pouvoir, à la racine primordiale – au cœur saint d'une cité prompte à s'étaler et à s'élargir, à croître dans l'horizontalité, lors même que la vérité réside dans l'élévation et le souci de la transcendance.

1. *Ibid.*, p. 115.
2. *Ibid.*, p. 115.

5

La cathédrale fascine, son motif est universel, elle est la construction par excellence, la forme suprême de l'architecture et, même métaphoriquement transférée dans d'autres domaines artistiques, elle demeure la référence absolue : il n'est que de songer au scripteur nyctalope de la chambre aux murs garnis de liège, à l'enfant de Combray, à l'estivant de Balbec qui, à force d'insomnies et de phrases interminables, rêve d'élever une cathédrale, de mots et de noms, de personnages et de paysages dont il serait à la fois l'architecte et l'évêque, le bâtisseur et l'officiant. Le traducteur qu'il fut de *La Bible d'Amiens* connaît intimement le sujet, l'importance des plans, le dessin du chœur, de la nef, du déambulatoire et des chapelles rayonnantes ; il sait la traversée temporelle que suppose l'édification d'un tel monument ; il sait, de l'intérieur, qu'aucune cathédrale n'est l'exact accomplissement du projet initialement pensé ; il sait, plus encore, et d'une certaine manière il va en faire l'amère et crucifiante expérience, que tout vaisseau gigantesque, fût-il de pierres ou de mots, est voué à l'inachèvement : surhumaine dans l'ambition, délirante dans son dessein, toute cathédrale est par essence inachevée, humaine, trop humaine, donc infinie.

Tout naît cependant – comme toujours dans les affaires d'art – d'une personne, d'un être de chair et de sang, et d'une volonté. Il faut un commanditaire et un exécutant, un maître d'ouvrage et un maître d'œuvre. Il faut aussi une belle entente entre ces deux figures, un lien de confiance, une harmonie. Le commanditaire ordonne et finance, c'est tout sauf un homme ordinaire, il est nécessaire qu'une forme de folie l'habite, sinon jamais il ne se lancerait dans pareille entreprise.

À la souche de la cathédrale qui va naître, on trouve toujours un être d'exception qu'embrasent l'aventure et le goût du grandiose. L'Histoire a surtout conservé des noms d'évêques : au début du XIe siècle, Fulbert, à Chartres ; en 1160, à Paris, Maurice de Sully. Des abbés aussi : au début du XIe siècle également, Guillaume de Volpiano à Saint-Bénigne de Dijon, l'abbé Suger à Saint-Denis. La mort de ce dernier, en 1151, interrompra de manière durable la construction de l'abbatiale et il faudra attendre près d'un siècle pour que reprennent les travaux.

Tout est donc affaire de durée, de persévérance, de temps long, d'enlisements et de détours, de pauses abyssales et de laborieux recommencements. Mais, j'insiste, cette folie initiale est impérieuse, sans elle pas d'édification ; oui, cette folie, cette audace, ce grain de démesure qui est aussi un des visages de la foi.

Dans l'introduction aux *Cathédrales de France* de Rodin, Charles Morice a des lignes superbes : « Qu'est-ce donc que la cathédrale ? » s'interroge-t-il. « Œuvre d'amour, d'enthousiasme et de foi, jadis, objet de haine et de mépris, hier, d'étonnement et d'admiration, aujourd'hui, qu'est-ce que cet ensemble moral et matériel, cette unité multiple, ce colossal et majestueux et mystérieux monceau de pensées et de pierres[1] ? »

Le choix et l'ordonnancement des mots se révèlent ici aussi importants que l'ajustement des constituants d'une ogive : l'amour et la foi sont à la source ; l'étonnement et l'admiration priment ; la dimension morale l'emporte sur la matière et les pensées figurent avant les pierres…

Morice cite encore Claudel pour qui une cathédrale, et plus encore si elle est mariale, « s'achève dans le vent[2] ». Pas seulement celui des tempêtes s'engouffrant par la grande travée fluviale qui déploie sa courbe dans le tuf et l'argile de Paris…

1. Auguste Rodin, *Les Cathédrales de France* [1914], Denoël, « Bibliothèque Médiations », 1983, introduction par Charles Morice.
2. *Ibid.*, p. 82.

6

C'est presque un personnage de *La Légende dorée,* une figure de vitrail avec ornements précieux, crosse étincelante, mitre incrustée de pierreries. C'est l'homme grâce à qui tout a commencé. C'est l'évêque bâtisseur.

Pour l'heure, nous sommes encore loin de l'île de la Cité et de la cathédrale insulaire. Nous sommes sur les bords de l'autre fleuve, la Loire étale et sablonneusement inquiète, vive et majestueuse, le fleuve des châteaux et des rois. Nous sommes en 1110, dans une chaumière très rustique, un couple y vit, l'homme travaille aux champs, l'épouse file. Elle vend le fruit de ses mains aux châtelaines de Sully dont le château est tout proche.

C'est presque la misère et la venue d'un enfant n'a pas arrangé les choses. Il arrive que le pain vienne à manquer : Humberge envoie alors son fils Maurice mendier le long de la route. Les cavaliers se rendant au château, touchés par la grâce et la gentillesse de cet enfant implorant, se montrent généreux et Maurice, tout joyeux, rapporte à Humberge les quelques pièces qui lui ont été jetées par les hommes, du haut de leurs montures.

Tout va bientôt basculer : c'est un grand jour à Sully, l'évêque est venu d'Orléans pour les confirmations. Maurice a sept ans, il se tient dans l'assemblée, sage, pieux, fasciné. Il est ébloui : il n'a jamais vu pareil spectacle, pareil faste aussi. L'église est parée, fleurie ; le prélat entre, avec sa haute mitre, sa crosse qui rutile, ses gants frappés de croix d'or. Un faldistoire a été disposé sur les degrés de l'autel habillés d'un tapis écarlate : Maurice observe, aucun détail ne lui échappe, il mange des yeux tout ce qui se passe, ce rituel somptueux, à tel point qu'il en oublie de prier… Il est dans la posture de Julien Sorel admirant le jeune évêque d'Agde…

Sur le chemin du retour, il est si mutique que sa mère s'inquiète de son air renfrogné et de son silence. Le jeune Maurice fait alors cette déclaration : « Mère, ce qu'il y a de plus grand dans le monde, c'est un évêque. Je vais être bien sage et bien pieux et, quand je serai grand, je deviendrai évêque… »

Humberge ne peut que rire face à l'expression de cette ambition saugrenue. Mais elle ne mesurera pas, ensuite, combien ce que, dans les contes, on nomme joliment la « pensée favorite » hante l'esprit de son fils. Le jour de sa première communion, Maurice demande à la Vierge d'exaucer son désir et il lui promet d'élever, le moment venu, un temple digne d'elle et qui traversera les âges…

Maurice continue de mendier sur le chemin de Sully et ailleurs. Il ne se cache plus : il expose même publiquement son ambition. D'aucuns sont prêts à lui donner une belle somme d'argent pour qu'il chasse de son esprit perturbé cette faribole. Prêtre passe encore, mais évêque, quelle folie ! On confesse une vocation, pas une ambition, exclusivement sociale, mondaine et dénuée d'assise religieuse. Mais l'enfant n'entend pas renoncer à ce désir qui le taraude : évêque il sera, un point c'est tout ! Et il refuse donc les sommes mirifiques qu'on lui propose.

C'est alors que Humberge se rend au château de Sully, accompagnée de son fils, pour livrer le lin qu'elle vient de filer. La châtelaine est séduite dès qu'elle voit l'enfant. Elle l'interroge et elle est immédiatement conquise par la justesse de ses réponses et la rectitude de son âme. Elle demande donc à Humberge de le garder : elle veut qu'il soit affecté à son service particulier.

C'est un déchirement pour la mère, larmoyante, qui s'en remet à son époux, en espérant qu'il saura, lui, s'opposer à la volonté de la dame. Réaliste, convaincu que c'est une occasion inespérée pour le bien de son fils, le paysan accepte de se séparer de Maurice qui sera aussitôt chargé de l'oratoire privé de la dame de Sully…

Rien ne pouvait combler l'enfant à ce point. Il apprend à lire, feuillette des heures durant les missels enluminés, admire l'architecture de la chapelle, avec ses élégantes colonnes et ses vitraux chamarrés. Évidemment il croit en Dieu et il Le craint, il aime de tout son cœur la Sainte Vierge mais, ce qu'il aime par-dessus tout, c'est ce décor, ce luxe, la beauté et l'odeur chavirante des lys, les stalles magnifiquement cirées, la vaisselle liturgique, le calice imposant et sa patène qui l'est tout autant…

Il vivrait bien dans la chapelle où il passe presque plus de temps à rêver et contempler qu'à prier. Un jour, ses forces défaillent subitement et il s'endort. Il voit soudain une église ayant la forme d'une croix monumentale, un essaim d'ouvriers, les uns creusent la pierre, d'autres forgent le fer ; il voit encore des galeries, une flèche, des tours… Il voit surtout un sanctuaire d'une taille impressionnante jaillir d'une île au milieu d'un fleuve qui n'a pas l'ampleur et la majesté indolente de la Loire…

Maurice se confie : il est si ému qu'il raconte à la dame de Sully cette étrange rêverie. Loin de le rabrouer, la châtelaine, qui éprouve une réelle affection pour son petit sacristain, décide de le faire entrer aussitôt dans la maison de l'évêque. Vivent là de jeunes gens choisis que l'on destine au sacerdoce.

Le jeune Maurice est remarqué pour sa douceur, sa docilité, son efficacité. Il surprend aussi, en particulier à cause du soin, presque jaloux, qu'il prend des ornements épiscopaux. Le grand pluvial doré, la haute mitre pointue, le bâton pastoral, dont le crosseron abrite une vierge d'ivoire, le fascinent littéralement et il croit revivre la lointaine cérémonie de confirmation dans la modeste église paroissiale de Sully. Pour un peu il oserait…

Je raconte cette histoire, à la suite de Flaubert, enluminant la légende de saint Julien l'Hospitalier, ou de Tournier, racontant les Mages et inventant Taor, le quatrième roi imaginaire entièrement sorti de sa songerie…

On ne sait pas grand-chose de la jeunesse de Maurice de Sully. Dans d'autres versions, le père est un serf au service de l'abbaye de Fleury et la mère ne file pas mais confectionne des balais de genêt. Tous les récits convergent cependant sur deux points : la pauvreté de l'enfance et les prodigieuses aptitudes intellectuelles de Maurice qui, formé par les chanoines de la maison épiscopale d'Orléans ou les bénédictins de Fleury, « monte », vers 1140, étudier à l'Université de Paris où il côtoiera le futur roi Louis VII.

7

L'ambition épiscopale du jeune Maurice se réalisa et l'enfant mendiant, devenu brillant professeur de théologie, succéda en 1160 à Pierre Lombard à la tête du diocèse de Paris. Ce serait un riche épiscopat de trente-six ans. Maurice avait été désigné dans des circonstances qui valent d'être racontées : au décès de Pierre Lombard, lui aussi grand théologien, on réunit les hauts dignitaires chargés d'élire le successeur, mais aucun nom ne sortit de cette auguste assemblée. Les délibérations furent aussi longues qu'infructueuses. Deux noms se détachaient : Maurice de Sully et un autre théologien de renom, Pierre le Mangeur, ainsi dénommé parce qu'il dévorait les livres…

Deux versions sont données quant aux conditions de la désignation. Selon la première, on en référa au roi qui recommanda le choix, non pas du plus érudit, mais du meilleur pasteur. Selon la seconde dont j'aime assez la rouerie, l'audace et le côté romanesque, pour sortir de l'impasse, il fallut constituer un collège restreint de trois membres. Maurice en était. On sollicita les lumières du Paraclet et chacun déposa son vote.

Maurice, là encore, avait brillé par son originalité. Ignorant tout des dispositions secrètes de l'autre possible prétendant, il s'était dit qu'il n'y en avait qu'un qu'il connût vraiment : lui-même ! Aussi glissa-t-il son nom dans le ciboire qui tenait lieu d'urne pour cet étrange conclave. Comme les deux autres membres avaient aussi voté pour lui, il devint le nouvel évêque de Paris.

La vocation enfantine ne s'était sans doute pas estompée mais une perspective plus belle encore aimantait M. de Paris. Maurice, qui était de Sully comme on pourrait l'être d'Orléans ou de Quimper, n'avait jamais oublié le rêve de la chapelle des bords de Loire et la mission qu'il s'était fixée : offrir à la Vierge Marie un sanctuaire à sa mesure. Aussi, à peine désigné, tout juste oint, mitré et crossé – et il était tout sauf insensible aux insignes de sa récente dignité –, il s'empressa d'esquisser les plans de la future *domus orationis.* Maurice de Sully voyait grand. Rien ne serait trop beau pour Notre-Dame. Déjà l'ambitieux projet se heurtait à des difficultés d'exécution. Porté par une foi à déplacer des montagnes, l'évêque ne semblait pas homme à reculer ou à baisser les bras. Il n'avait qu'une hantise : convaincre ses diocésains et les puissants de la nécessité de son dessein et, dans cette entreprise, son don de la parole faisait merveille.

Réfugié en France, le pape Alexandre III approuva les plans et posa lui-même, en 1163, la première pierre des fondations. Maurice de Sully n'était évêque que depuis trois ans. Le chantier démarra aussitôt et, très vite, les fidèles rejoignirent les maîtres-maçons et les ouvriers. Parmi cette main-d'œuvre fournie, il était difficile de ne pas remarquer de très jeunes gens, d'une grande beauté, d'une extrême habileté aussi, prompts à manier l'équerre, la truelle, la pioche et le marteau, et dont personne ne connaissait l'origine ni la provenance.

Leur arrivée avait miraculeusement coïncidé avec une prière que le prélat avait formulée un soir de découragement, alors qu'on commençait à observer plusieurs défections parmi les ouvriers et que les travaux s'enlisaient. Errant seul, entre chien et loup, au milieu des ruines de l'église Sainte-Marie qui avait été abattue pour dégager l'espace nécessaire à l'édification de la nouvelle cathédrale, en larmes et subitement gagné par le doute, Maurice de Sully avait, dit-on, prié en ces mots :

> Seigneur, ne m'abandonnez pas.
> J'ai promis à la Reine du Ciel de lui élever un temple sur la terre.
> Pourquoi être évêque si je ne puis accomplir ma promesse ?
> Ô Gabriel ! vous qui l'avez saluée le premier ; saints anges de la crèche qui avez annoncé sa divine maternité ; anges de la Passion qui l'avez soutenue au Golgotha, secourez-moi dans ma détresse, aidez-moi dans mon impuissance.

Maurice de Sully était sorti des ruines, consolé. Et, dès le lendemain, d'innombrables inconnus avaient accouru sur les chantiers. Une cohorte d'anges bâtisseurs avait opportunément surgi !

Dès que la *domus Sanctae Mariae* eut un toit, on put procéder à la consécration de l'autel. Près de vingt ans avaient passé et c'est Henri de Château-Marçay qui, en sa qualité de légat du pontife romain, présida la cérémonie. L'évêque, qui avait aussi de grands dons littéraires et musicaux, avait composé, pour la circonstance, des chants qui furent exécutés au cours de la messe. On rêverait de les entendre lors de la réouverture de Notre-Dame, le 8 décembre 2024, mais leurs partitions sont certainement introuvables, si tant est qu'elles aient, un jour, existé…

On rêverait surtout que l'actuel titulaire du siège de Paris connût l'extase que l'on prête à Maurice de Sully. La légende dit, en effet, qu'au cours de cette célébration, levant les yeux vers le ciel, il se vit soudain entouré d'une foule de jeunes gens vêtus de blanc qui chantaient ses cantiques… L'évêque avait déjà vu ces éphèbes mais il ne savait plus où. On imagine la scène à la façon du retable de *L'Agneau mystique* de Van Eyck, une cohorte d'anges ouvriers et musiciens, portant pioches, truelles, marteaux, équerres et cithares…

Alors les anges, équipés d'ailes et d'instruments, entonnèrent ce qui est leur chant par excellence, à savoir : « *Gloria in excelsis Deo et in terra pax hominibus.* » À cet instant, l'archange Gabriel leur répondit : « *Ave Maria gratia plena, Dominus tecum.* »

Maurice de Sully tomba la face contre le pavage du chœur et, quand il se releva, les ouvriers ailés avaient disparu. Peu avare en extravagances, la légende dit encore qu'ils étaient montés au Ciel pour y déposer, aux pieds de la Reine immaculée, les outils qui leur avaient servi à l'érection de la cathédrale insulaire…

J'avoue ne pas me lasser de ces épisodes hagiographiques qui m'enchantent, je reconnais surtout préférer la saveur et les enluminures de ces épisodes mythiques au froid recensement des différentes phases de la construction du monument.

Une autre histoire me ravit. Venue saluer son fils dans son palais épiscopal, Humberge, bien malgré elle, s'était laissé habiller comme une grande dame. La réaction de Maurice avait été cinglante : « Ma mère est une modeste femme des champs. Cette femme n'est pas ma mère ! »

Humberge revint dans la tenue qu'elle portait d'ordinaire sur les bords de Loire. Alors le prélat bâtisseur l'embrassa avec force effusions et il la présenta à tous les membres de son conseil et de son entourage.

Maurice ne vit pas l'achèvement de *sa* cathédrale. Seul le chœur fut construit au XIIe siècle. Les travaux durèrent jusqu'au XIVe et même au-delà. Une chose est sûre : Maurice était resté fidèle à l'esprit de pauvreté de son enfance ligérienne.

Aussi exigea-t-il qu'après sa mort son lit et ce qui le garnissait fussent donnés aux pauvres et aux malades de l'Hôtel-Dieu. La coutume s'est, dit-on, perpétuée jusqu'à la Révolution : elle valait pour la couche des évêques défunts, mais aussi pour celle des chanoines.

8

L'érection de ces hauts vaisseaux de pierre demeure un mystère. On imagine facilement l'abondante main-d'œuvre, la diversité foisonnante des métiers, le grouillement des hommes venus d'horizons multiples et qui ne craignent ni le froid, ni le vent, ni les draches, ni le vertige.

Cette vie concentrée au service de l'édification de la cathédrale se déploie sous l'autorité de l'architecte, et le regard impatient du commanditaire. Ce dernier a vu grand, très grand, et il sait, d'emblée, que ses restes mortels seront enfouis dans le sol d'un monument inachevé. La consécration finale reviendra obligatoirement à l'un de ses lointains successeurs sur le trône épiscopal.

À cet égard, Maurice de Sully n'est pas le seul à ne pas avoir pu officier dans une église entièrement finie : la commande se déplie dans un temps long, elle exige plusieurs maîtres d'œuvre, elle sera inévitablement soumise à des inflexions, c'est un chantier sujet aux métamorphoses qui démarre ; certes, il y a un plan défini et tracé par l'évêque mais ce dessin rencontrera immanquablement des résistances, des impondérables.

C'est ainsi que l'instabilité du sous-sol des bords de l'Odet a imposé que l'axe de la nef de la cathédrale quimpéroise fût dévié sur la gauche, certains disant ensuite que les bâtisseurs avaient voulu que la forme même du sanctuaire épousât celle de la figure suppliciée du Christ incliné sur la croix…

La cathédrale sort de terre : ses fondations argileuses, sa crypte obscure rappellent l'origine du christianisme et le temps des catacombes. Préfaçant *Les Cathédrales de France* de Rodin, Charles Morice a des lignes magnifiques, il voit dans la lampe des catacombes « la première lumière européenne de l'Europe chrétienne[1] ». Tout commence, selon lui, dans cette clandestinité souterraine, dans ces fraternités de la nuit qui s'enterrent pour échapper aux périls et aux persécutions. Oui, tout commence au plus profond de cette ténèbre originelle, ce creuset de survie physique et religieuse mais dans ces chambres primitives, ces cavités d'une foi secrète et menacée, il ne saurait y avoir de place pour l'art : « Point d'art, écrit Morice, dans ce froid jour de cave. »

Il n'empêche : cette expérience d'une vie nocturne et enfouie est capitale. « À cette lumière cachée sous le boisseau de la terre, dit-il encore, la cathédrale va naître, spirituellement[2]. »

La cathédrale sort littéralement de terre, elle pousse, elle croît, en acquiesçant à l'air et à la lumière. Notre-

1. A. Rodin, *Les Cathédrales de France*, *op. cit.*
2. *Ibid.*, p. 39.

Dame jaillit des strates argileuses de l'île de la Cité, l'île est ce radeau aux assises minées par les infiltrations du fleuve, on pourrait presque imaginer, aux origines, l'existence d'une première église de la nuit, comme dans un jeu de cathédrales gigognes, et voici que le cycle des métamorphoses s'enclenche, le monument s'extrait progressivement des sables et des limons alluvionnaires – de la chapelle cryptique au vaisseau splendide et aérien.

Oui, la cathédrale pousse et se déploie à la manière d'un organisme végétal : « La merveille, remarque encore Morice, c'est précisément cette sorte de confusion passionnée du plus cérébral des arts avec la nature. » Elle vit, elle « semble aspirer l'air pour prendre son élan », « elle n'a pas besoin de murs, s'étant ménagé d'autres supports, la pile et l'arc-boutant, qui, eux-mêmes, dégagent le monument proprement dit et permettent aux voûtes de s'élancer au-dessus des hautes nefs[1] ».

Le résultat tient du prodige. On a quitté l'intimité ténébreuse et humide des catacombes. On respire enfin, l'air circule, le vent monte vers les feuillages des chapiteaux, le vaisseau est inondé de lumière et les bruits de la ville – la rumeur profane du monde – s'y engouffrent et y résonnent.

> Le bruit, le vent, la lumière, note Morice, la couleur de l'air naturel : la Nature – de plus en plus fidèlement copiée à mesure qu'on avance dans le XIIIe siècle – dispute le sanctuaire à l'Évangile. Ce sont toujours, pourtant, les rites de la religion des larmes qu'on célèbre ici,

1. *Ibid.*, p. 69.

les prêtres et les artistes accomplissent toujours et accompliront encore leurs fonctions dans une parfaite communion de pensées ; mais le théâtre du drame lui devient étranger. […] Dans cent ans, elle ne sera plus qu'une « œuvre d'art », désorientée de l'autel vers le parvis, de l'Église vers le siècle[1].

1. *Ibid.*, p. 70-71.

9

Un unique aiguillon anime ces hommes : l'amour de Dieu, le sens de la beauté sans doute aussi. Car il faut une belle dose de folie pour défier ainsi toutes les lois de la gravité et de la pesanteur, pour étirer les pierres jusqu'à les rendre fluides et immatérielles.

Il n'y a pas que les rosaces et les vitraux qui donnent cette impression d'être projeté dans l'univers céleste, les pierres assemblées, jointoyées, s'élancent vers le ciel au mépris des contingences terrestres : rien n'est trop haut, rien n'est trop aérien, il s'agit de fuir la claustration des catacombes pour s'ouvrir aux variations conjuguées de la lumière et du vent. *L'eau et les rêves*, *l'air et les songes*, titrait Bachelard : l'air, c'est le Paraclet et la tentation céleste ; l'eau, le fleuve qui attaque sournoisement, à leur naissance, les murailles de la cathédrale…

Au Moyen Âge, le nom des architectes est très rarement mentionné. Ils apparaissent souvent sous le titre de maçon ou de « maître d'œuvre ». Jean de Chelles (1200-1258) a laissé une trace dans l'histoire de l'édification de la cathédrale, grâce à une inscription apposée sur le transept sud. La mention d'un architecte, tout à fait singulière au Moyen Âge, est la preuve du rôle éminent qu'on lui reconnaît à sa mort en 1258. Jean de Chelles a imposé un nouveau concept architectural qui s'appuie sur le creusement de grandes baies vitrées dans les murs. Ce faisant, il réemploie la technique utilisée avec succès, en 1231 à la basilique Saint-Denis – dont on dit parfois qu'il est lui-même l'auteur – par le « maître de Saint-Denis ». Jean de Chelles lance l'édification du transept nord, la conception et le début de la réalisation du bras sud et du portail Saint-Étienne.

Pierre de Montreuil (1200-1267) intervient dans les plus grands chantiers de son époque : l'abbaye de Saint-Germain-des-Prés, en 1239, puis la basilique Saint-Denis, vers 1247. Lorsqu'il succède à Jean de Chelles sur le chantier de Notre-Dame, il doit son heureuse réputation à ses partis pris extrêmement audacieux et novateurs en matière de construction. Son apport est essentiel et déterminant : c'est lui qui a l'idée de bâtir de gros piliers ronds sur lesquels s'appuieront les retombées d'ogives.

Ainsi, l'architecture s'élance du sol aux voûtes, avec élégance et fluidité, directement et sans interruption. Pierre de Montreuil propose encore une lecture des formes à travers des lignes simples, harmonieuses et sans fioritures. Il fait aussi agrandir la nef et les bas-côtés, et modifier les voûtes et le chœur. À l'extérieur, il intervient sur le chevet, les bras du transept, les croisillons et le portail sud. Il a aussi la très judicieuse idée de garnir de vitraux le triforium. En 1265, dénommé maître des œuvres de la cathédrale de Paris, il est reconnu, à sa mort, *doctor lathomorum*, c'est-à-dire maître dans la pierre construite.

Pierre de Chelles, fils ou neveu de Jean de Chelles, succède à Pierre de Montreuil. Il commence, vers 1296, par les chapelles du chevet. Il s'attaque ensuite aux arcs-boutants surplombant l'abside. De 1300 à 1318, il œuvre à la construction du jubé et à la confection de son décor sculpté. À sa mort, les architectes Jean Ravy, de 1318 à 1344, puis Jean Le Bouteiller parachèvent son travail.

L'Histoire a conservé leurs noms comme elle a gardé ceux de Pierre de Montereau qui rebâtit Saint-Denis, de Jean d'Andeli qui édifia Rouen, de Robert de Luzarches qui fit Amiens, d'Étienne de Mortagne et de Simon du Mans qui bâtirent Tours…

Le plan de Maurice de Sully comportait, outre la cathédrale, un palais épiscopal sur la rive droite, un cloître sur la rive gauche, et une place du parvis s'étendant au pied de la façade de Notre-Dame. On l'a dit, la cathédrale de l'enfant mendiant de Sully poussa à l'emplacement de l'église de la Vierge sacrée. Le chœur, seul élément que connut l'évêque bâtisseur, recouvrait l'espace de l'église primitive qui datait du règne de Childebert en 556. Le déblai fut repoussé derrière le chœur de la nouvelle cathédrale : il fut longtemps dénommé le Terrail ou la Motte aux Papelards.

Le palais longeait la Seine. Il fut reconstruit en 1697, embelli en 1750, transformé en annexe de l'Hôtel-Dieu en 1791, rendu à son usage premier en 1803, saccagé et détruit en 1831 par le peuple en furie. L'archevêque dut être relogé dans l'hôtel du Châtelet, rue de Grenelle, d'où le cardinal Richard fut expulsé en décembre 1906, à la suite de la loi de 1905, imposant la séparation de l'Église et de l'État. Il n'y a plus de palais épiscopal à Paris aujourd'hui, simplement un hôtel particulier que rien ne signale, dans une rue rectiligne et sans véritable charme, tout près des Invalides.

Le cloître, occupé au Moyen Âge par les chanoines, les enfants de chœur et les écoles, se situait côté nord. Les femmes, fussent-elles riches, pauvres, jeunes ou âgées, y étaient proscrites. On logeait les écoliers dans les maisons claustrales et on y enseignait, sous l'autorité des chanoines, toutes les disciplines, sciences comprises. Les cours de médecine trouvaient place à l'Hôtel-Dieu ou chez l'évêque.

*

C'est ce temps unique, intense, fécond et fervent qu'exalte Le Corbusier au début de son ouvrage *Quand les cathédrales étaient blanches.* Il célèbre tout particulièrement « l'invention, le courage et le génie créatif » de cette époque et loue l'alliance de la raison et de la poésie, de la sagesse et de l'entreprise.

> Les cathédrales étaient blanches, écrit-il, parce qu'elles étaient neuves. Les villes étaient neuves. [...] La pierre de France fraîche de taille était éclatante de blancheur, comme avait été blanche et éblouissante l'Acropole d'Athènes, comme avaient été luisantes de granit poli les Pyramides d'Égypte. Sur toutes les villes ou les bourgs encerclés de murailles neuves, le gratte-ciel de Dieu dominait la contrée [1].

De manière très pertinente, il observe encore dans cette érection des cathédrales – marque, selon lui, de

1. Le Corbusier, *Quand les cathédrales étaient blanches*, Plon, 1936, p. 4.

l'avènement d'un monde nouveau, « blanc, limpide, joyeux, propre, net et sans retours » – une preuve de la maîtrise des hommes qui s'adressent à Dieu sans signer leur abdication. Et, en architecte et en *touriste planétaire,* il oppose cette blancheur lointaine et révolue à la noirceur de celles qu'il a sous les yeux : « Nos cathédrales, écrit-il ainsi en 1936, ne sont pas encore dressées. Les cathédrales sont celles des autres – des morts – elles sont noires de suie et rongées par les siècles. Tout est noir de suie et rongé par l'usure : les institutions, l'éducation, les villes, les fermes, nos vies, nos cœurs, nos pensées[1]. »

Les cathédrales futuristes et radieuses sont à construire et l'utopie de leur édification excite l'architecte. La noirceur, celle que combattra Malraux dans les années 1960, endeuille déjà Paris. Les monuments, mais aussi les âmes et les cœurs. Le Corbusier rêve d'un monde résolument nouveau dont il perçoit le modèle architectural outre-Atlantique.

La noirceur des cathédrales des morts… Ce n'est pas encore la suie, la cendre du terrible printemps de 2019.

1. *Ibid.*, p. 5.

10

Au chapitre 19 de son Évangile, saint Jean rapporte que les soldats romains, dans la nuit du jeudi au vendredi saint, humilièrent le Christ et se moquèrent de sa royauté en le coiffant d'une couronne parodique et épineuse :

> Les soldats tressèrent avec des épines une couronne qu'ils lui posèrent sur la tête ; puis ils le revêtirent d'un manteau pourpre.
>
> Ils s'avançaient vers lui et ils disaient : « Salut à toi, roi des Juifs ! » Et ils le giflaient[1].

Dès les premiers siècles, on trouve trace de la couronne d'épines et des instruments de la Passion du Christ, en particulier dans les récits de pèlerins qui firent le voyage jusqu'à Jérusalem au IVe siècle. Plus tard, les reliques sont progressivement transférées à Constantinople, dans la chapelle des empereurs byzantins : il s'agit de les préserver de

1. Évangile de Jean, chapitre 19, versets 2 et 3.

pillages semblables à ceux dont le Saint-Sépulcre fut l'objet au moment des invasions perses.

En 1238, c'est Baudouin de Courtenay, un jeune empereur latin – il n'a pas vingt ans – qui règne à Constantinople. L'année précédente, il est venu en France et il a été fort bien reçu par son cousin, le roi Louis IX. Ses barons latins sont dans une extrême difficulté financière et ils se disent prêts à céder la couronne d'épines à des étrangers. Le jeune Baudouin II supplie alors Louis et Blanche de Castille de lui venir en aide, de telle sorte que la sainte relique ne tombe pas entre des mains impies. Mais l'urgence financière est telle qu'il se voit contraint de la mettre en gage auprès de banquiers vénitiens pour en obtenir des crédits. Le temps presse et, si la couronne n'a pas été rachetée le 18 juin 1239, jour de la fête des saints martyrs Gervais et Protais, elle deviendra la propriété des Vénitiens et sera translatée dans la cité de la lagune…

Saint Louis intervient alors et dédommage les Vénitiens qui exigent toutefois que, dans son voyage vers la France, la couronne fasse halte chez eux pour que la République des doges puisse bénéficier de la présence, en son sein, de la précieuse relique.

C'est un transfert plein de péripéties, et de précautions, qui commence : à chaque étape du voyage, il faut vérifier que l'insigne relique est bien toujours présente dans son écrin et qu'elle n'a pas été remplacée par un faux…

Le 9 août 1239, le roi, suivi d'un brillant cortège, accueille vingt-deux reliques à Villeneuve-l'Archevêque. Pour recevoir sa sainte acquisition, il a emmené sa mère, ses frères, l'archevêque de Sens, l'évêque d'Auxerre, de nombreux barons et chevaliers. On plonge là dans l'Histoire enluminée et merveilleuse, et Saint Louis devient pleinement, à cet instant, le « roi des reliques ».

> L'émotion est intense quand on présente au roi, raconte Jacques Le Goff dans son admirable *Saint Louis*, la châsse d'or qui contient la relique. On vérifie qu'elle porte intacts les sceaux des barons latins de Constantinople, les expéditeurs, et ceux du doge de Venise, le réexpéditeur. On enlève le couvercle et on découvre l'inestimable joyau (*inaestimabilis margarita*). Le roi, la reine mère, leurs compagnons sont étreints par l'émotion, versent des larmes abondantes, poussent de nombreux soupirs. […] Puis vient la procession de pénitence qui accompagne l'insigne de la royauté humiliée du Christ, l'union du roi et de ses compagnons à la Passion de Jésus. Le roi et son frère aîné Robert, pieds nus, en chemise (ne portant qu'une seule tunique sur

le corps) portent la châsse de Villeneuve-l'Archevêque à Sens au milieu de chevaliers qui ont ôté leurs souliers[1].

Le cortège, conduit par le roi pèlerin aux pieds nus, ce Saint Louis « peu ordinaire, trente fois peu ordinaire, trente fois extraordinaire, trente fois au-dessus de l'ordinaire[2] », selon la belle formule de Péguy, avance par les rues et les places somptueusement ornées de tapis et de tentures, au son des cloches et des orgues.

La relique passera la nuit dans la cathédrale Saint-Étienne. Le lendemain, elle embarque sur l'Yonne : elle sera, en effet, acheminée par bateau, d'abord sur l'enfant terrible de la Seine, sur le fleuve capital ensuite, et portée jusqu'à Vincennes où le roi dispose d'un « palais suburbain ».

Le 19 août 1239, la procession arrive enfin à Paris ; le roi délaisse une fois encore ses atours royaux, endosse une simple tunique et, pieds nus, aidé de son frère, et suivi de prélats, de clercs, de religieux, de chevaliers, eux aussi pieds nus, porte la sainte couronne jusqu'à la cathédrale, où elle ne restera que quelques instants, avant de déposer la totalité des reliques dans la chapelle Saint-Nicolas du palais. Des rives du Bosphore à celles de la Seine, le voyage de la couronne d'épines est achevé. La couronne protège le royaume mais elle est une insigne possession du roi, c'est pour cette raison qu'elle est placée dans son palais : le *roi des reliques* dispose, tout près de lui, de la plus singu-

1. Jacques Le Goff, *Saint Louis*, Gallimard, 1996, p. 144-145.
2. Charles Péguy, « Joinville et Saint Louis », in *La France*, Gallimard, coll. « Catholique », 1939, p. 65.

lière, de la plus émouvante – de la plus sacrée. Afin de la conserver dans un lieu authentiquement digne d'elle, il décide d'édifier un reliquaire à sa mesure : ce sera la Sainte-Chapelle.

La couronne, aujourd'hui déposée à Notre-Dame, est, en fait, un cercle de joncs réunis en faisceaux et retenus par des fils d'or. Les épines se greffaient sur ce cercle tressé, d'un diamètre de vingt et un centimètres. Elles ont été dispersées au cours des siècles par les dons effectués, soit par les empereurs de Byzance, soit par les rois de France. On en dénombre ainsi soixante-dix, de même nature…

Il faut ajouter à cette exceptionnelle relique un morceau de la croix conservé à Rome et ramené par sainte Hélène, mère de l'empereur Constantin, et un clou de la Passion.

Il n'y eut pas que le voyage du Bosphore à la Seine. D'autres tribulations attendaient les précieuses reliques. Durant la Révolution, elles furent déposées à la Bibliothèque nationale. À la suite du Concordat de 1801, on les confia à l'archevêque de Paris qui les affecta au trésor de la cathédrale, le 10 août 1806.

Elles y reviendront en décembre 2024, et on les déposera alors dans le nouveau reliquaire que prépare Sylvain Dubuisson, auteur de beaux objets liturgiques et d'un élégant bureau de ministre qui décora l'ancien cabinet de travail de Malraux, sous le lustre à sphinges, Rue de Valois, dans les années 1990.

Napoléon Ier et Napoléon III avaient, en leur temps, offert chacun un reliquaire, toujours conservé au trésor de la cathédrale. Il est beau de voir que cette tradition se perpétue et transcende les régimes…

Les reliques seront alors de nouveau directement confiées aux chanoines du chapitre de la basilique métropolitaine chargés de leur vénération, et placées sous la garde statutaire des chevaliers du Saint-Sépulcre de Jérusalem.

Tout le temps des travaux, elles n'ont cessé d'être présentées à la vénération des fidèles, à Saint-Germain-l'Auxerrois, tout près du Louvre où elles sont sous bonne garde. C'est évidemment la couronne d'épines qui est la plus contemplée et, si son authenticité ne peut être incontestablement attestée, c'est ce qu'elle symbolise qui importe, le mystère de la mort du Christ sur la croix et sa résurrection au matin de Pâques.

11

La nuit est tombée sur la cathédrale
Une flamme brûle près de la Sainte Présence
La nef est remplie d'ombres et de réminiscences
Souvenir des bâtisseurs qui délimitèrent le plan,
creusèrent les fondations,
tracèrent dans l'argile de Paris l'axe vers l'Orient ;
souvenir des ouvriers, des charpentiers, des peintres
grouillant dans le chantier de l'édifice qui croît,
filigrane de la cathédrale ancienne, du vaisseau primitif,
souvenir des évêques, des prêtres, des cardinaux aux
chapeaux pourpres jadis pendus dans le déambulatoire,
souvenir des messes, des vêpres, des nuées d'encens,
souvenir des oraisons et des prédications,
l'arche de la cathèdre, berceau du siège épiscopal
avec sa horde de veilleurs et de saints invisibles,
ses orants tapis dans la nuit des chapelles
plus vivants
plus lumineux que les étoiles,
la grande nuit de l'arche où l'on croit entendre frapper les marteaux et les burins,

où renaît le grand songe de la métropole
avec son autel et sa chaire,
ses marbres et ses ors,
ses piliers, ses verrières,
ses statues, ses flambeaux
Le rêve des bâtisseurs lointains
Le rêve de Maurice
enfant mendiant des bords de Loire, imaginant sa cathédrale
au milieu de l'autre fleuve
Rien ne sera trop grand, rien ne sera trop fastueux
Pour la maison de Dieu.
Ce lieu est redoutable
Ce lieu est admirable
Celui où pousse l'échelle mystique
Celui où grandit l'arbre de la Croix
Celui où claque l'oriflamme de sainte Geneviève
Ce lieu est redoutable
Ce lieu est vénérable
Creuset de foi et de ferveur,
D'art et de volonté,
De misères traversées,
De doutes et de craintes
C'est l'histoire des pérégrins
En route vers les portes de l'Apocalypse
Les palmes, le trône, la lumière
Le sang de l'Agneau immolé
C'est la théorie des maçons et des pasteurs
Des pèlerins et des passeurs de Dieu
Leurs voix montent dans la nuit de la cathédrale
Leur ferveur, leur assurance, leur espérance.

12

Elle se nommait Perrinaïck : comme son nom l'indique, elle avait une origine bretonne et c'était une compagne d'armes de la Pucelle d'Orléans. Elle fut capturée à Corbeil par les Anglo-Bourguignons avec une autre femme dont le nom est tombé aux oubliettes de l'Histoire…

On les conduisit à Paris où elles furent incarcérées de longs mois. Ceux qui l'avaient arrêtée n'avaient qu'une envie : obtenir d'elle un témoignage contre Jeanne d'Arc. C'était méconnaître la loyauté et la ténacité de la jeune Bretonne qui répétait sans ciller : « Dame Jehanne est bonne, tout ce qu'elle fait est bon et selon Dieu. » Elle disait encore que Dieu lui apparaissait en vieillard habillé de blanc et qu'il s'adressait à elle comme à une amie…

Excédés, les Anglais relâchèrent l'autre jeune fille qui partit à l'aventure et mourut au hasard des grands chemins. Leur rage se concentrait sur la malheureuse Perrinaïck qu'ils condamnèrent comme hérétique et visionnaire. Il n'existait qu'un châtiment pour une sentence d'une telle gravité : le bûcher.

Les flammes jaillirent, près de Notre-Dame, le 3 septembre 1430.

Plusieurs hypothèses circulent quant au lieu exact du châtiment. D'aucuns prétendent que la Bretonne fut brûlée sur le parvis ; d'autres affirment que c'est dans le cloître, au nord de la cathédrale, que la paille, les fagots et les bûches furent disposés. Pour d'autres encore, c'est sur les berges de la Seine, presque dans l'intimité du fleuve, qu'eut lieu le supplice.

Quatre médaillons de la porte Saint-Marcel représentent des scènes de l'occupation de Paris par les Anglais à cette époque. On y voit ainsi l'arrivée de la reine Isabeau en 1418, le départ du chapitre cathédral, le retour des chanoines en 1430 coïncidant avec celui du roi Charles VII, et l'exposition de l'infortunée Perrinaïck sur l'échelle patibulaire. On rapporte que les chanoines, qui avaient courageusement fui devant l'ennemi en préférant l'exil à la résistance, aspergèrent, quand ils revinrent, l'endroit même où avait été élevé le bûcher et se lavèrent les mains de la mort atroce de la compagne de Jeanne…

Le nom de Perrinaïck survit dans les minutes du procès de Jeanne d'Arc et dans quelques chroniques. Le Nantais René Huette, homme de lettres et archéologue, rapporte que les charbonniers de la forêt de Coat-an-Noz, dans la Bretagne reculée et rurale, entre Belle-Isle-en-Terre et Louargat, Plounévez-Moëdec et Loc-Envel, gardaient dans l'une de leurs cabanes, dressée comme une chapelle portative, l'effigie d'une femme qui pouvait évoquer la Vierge mais dont le piédestal avait la forme d'un bûcher. Lorsqu'on les interrogeait, ils disaient qu'il ne s'agissait pas de la mère de Dieu mais d'une « fille de chez eux », dont on avait perdu le nom et qui avait été brûlée par les Anglais.

Était-ce une copie du bas-relief de Notre-Dame égarée jusque dans l'Armorique profonde ? Je veux le croire.

13

Dans *Quand les cathédrales étaient blanches*, Le Corbusier, emporté par l'enthousiasme de lignes très inspirées, célèbre un Moyen Âge qui n'a rien d'une époque obscurantiste et sanglante. Loin du désordre, loin du chaos, il y voit même un temps où « on pratiquait les règles hermétiques de Pythagore » dans une « recherche ardente des lois de l'harmonie[1] ».

On entre soudain au plus vif du mystère des bâtisseurs de cathédrales, dans une quête constante de cette harmonie présentée par l'architecte comme « la reconquête de l'axe fatal du destin humain ». Et ces règles se transmettent par le biais de signes secrets, dans un bouche-à-oreille crypté, entre initiés… Cette clause du mystère est essentielle et prémunit les secrets de fabrique contre « l'aléa des erreurs de fait et de compréhension[2] ».

Le plus beau fruit, le creuset magnifique, produit de ces règles et de ces lois résolument celées, c'est la cathédrale,

1. Le Corbusier, *Quand les cathédrales étaient blanches, op. cit.*, p. 6.
2. *Ibid.*, p. 7.

dans sa majesté et sa blancheur. Le Corbusier, dans une sorte d'élan post-hugolien, n'hésite pas à exalter, en l'idéalisant, ce temps béni, placé sous le signe de la jeunesse et de la blancheur.

> Quand les cathédrales étaient blanches, écrit-il, la participation était, en tout, unanime. Ce n'étaient pas des cénacles qui pontifiaient ; c'était le peuple, le pays qui marchaient. Le théâtre était dans les cathédrales, monté sur des tréteaux improvisés en pleine nef ; on y chipotait des prêtres et des puissants : le peuple était adulte et maître de lui dans la cathédrale toute blanche – dehors et dedans. Toute blanche « maison du peuple » où l'on discutait mystères, morale, religion, civisme ou cabale. C'était la grande liberté de l'esprit libéré [1].

Le Moyen Âge n'est plus soudain un champ de factions qui s'opposent et règlent leurs comptes dans un bain de sang, il se situe tout entier sous le signe de la *liberté grande*, il se caractérise aussi par une belle inventivité, un « foisonnement des pensées et des caractères » dans un jaillissement cru, direct et franc, qui brasse « la nature, la grossièreté, l'érotisme, la gauloiserie, l'effarement de l'esprit devant le cosmos, les massacres, les assassinats et les guerres, l'effusion des cœurs devant Dieu, Dieu lui-même, la pensée hermétique ». Et ce bouillonnement généreux et profus se traduit par l'émergence d'une langue nouvelle, des mots sortent soudain des strates nocturnes et gelées, une parole tissée de mots nouveaux incarnant la vitalité d'une « société neuve » et ce phénomène s'observe partout – chez le

1. *Ibid.*, p. 6.

prince, à l'archevêché comme à la cour des Miracles – puisqu'il transcende les castes et les classes…

Le Corbusier insiste : cette vie, ce mouvement irrépressible pulvérisent aussi les digues et les résistances, les codifications et les académismes. On est vraiment aux sources d'un monde nouveau, la tour Saint-Jacques se dresse dans Paris tel « un gigantesque rébus tressé sur la Cabale » et la capitale n'est rien de moins que « le flambeau du monde[1] ». Ce ne semble plus être vraiment le cas au moment où Le Corbusier s'exprime, et, à l'entendre, l'académique et ferrailleux Grand Palais n'aura jamais la puissance et le magnétisme mystérieux du rébus des pèlerins de Compostelle…

La commande de Maurice de Sully, et de bien d'autres ailleurs, a inauguré un monde nouveau, en mouvement, foisonnant, efflorescent, inventif et généreux, dont le signe demeure la blancheur des grands vaisseaux qui se lèvent, dans la pureté de leurs ogives et de leurs arcatures, avant qu'on ne les couvre de fresques, avant, aussi et surtout, que le badigeon des ans ne les patine et les ternisse…

Tout se résume dans cette sentence définitive et ciselée : « Les cathédrales étaient blanches, la pensée était claire, l'esprit était vif, le spectacle était propre[2]. »

1. *Ibid.*, p. 7.
2. *Ibid.*, p. 7.

14

On ne peut pas soutenir que la blancheur caractérise le roman qui, au XIXe siècle, va largement contribuer à susciter, autour de la cathédrale, un authentique et puissant mouvement d'admiration et même de ferveur.

Notre-Dame de Paris, publié en 1831, est, on l'a dit, l'œuvre d'un jeune romancier génial et visionnaire, encore dans la fleur de l'âge. Bien évidemment *Les Misérables* connaîtra un immense succès et un enthousiasme populaire plus grand encore, au point de devenir le roman de Victor Hugo le plus lu, mais sa célébration de la métropole parisienne est aussi très connue et demeure universellement appréciée.

Hugo impose, dans l'imagination et la mémoire de ses lecteurs, les noms de personnages durablement associés au monument: à cet égard, le sonneur de cloches Quasimodo, plus encore que la jeune bohémienne Esméralda ou l'archidiacre Claude Frollo, figure incontestablement tout en haut du palmarès parce qu'il est une émanation vivante de la cathédrale.

Mais il réussit, surtout, l'exploit de convertir un livre de pierre, gothique et ténébreux, en une constellation romanesque nourrie, mouvementée, abondante, et ce qui va fasciner des générations en s'inscrivant dans l'imaginaire collectif, bien plus que l'intrigue outrée et, osons le dire, parfois même presque caricaturale, c'est le souffle, la puissance de l'invention romanesque, cette énergie créatrice qui s'empare de la matière même de la cathédrale, de ses monstres et de ses ombres, de ses tours et de ses gargouilles, de ses coursives et de ses vitraux, pour en faire un véritable livre minéral et animé, un flot de visions fabuleuses jaillissant de la seule contemplation émerveillée du monument – une basilique de mots et d'images.

Hugo s'est approprié Notre-Dame, il en a fait son espace et sa chose : d'une certaine manière, bien avant Viollet-le-Duc qu'il inspirera, il l'a *restaurée,* il l'a remise au cœur des curiosités et des admirations, il l'a doublée, pour toujours, de sa transposition littéraire, à tel point qu'on ne sait plus vraiment quelle est la cathédrale que l'on aime et à laquelle va notre préférence, le livre de pierre des bâtisseurs anonymes ou sa transmutation romantique, la haute nef arrimée aux argiles et aux limons de la Seine ou sa jumelle immatérielle et prodigieuse.

Hugo n'est pas de la race des conservateurs ou des restaurateurs, il a l'incomparable talent des architectes et des bâtisseurs. Il est celui dont le nom reste spontanément lié à Notre-Dame ; plus que les compagnons réels ou les prélats commanditaires, il triomphe comme celui qui mérite pleinement le titre de grand architecte de la cathédrale, celui qui a rendu la vie à un monument délabré et noirci, celui dont le nom est plastiquement, architecturalement associé au sanctuaire fluvial.

Et j'aime par-dessus tout ces lignes de Patrick Grainville, lui aussi romancier visionnaire et flamboyant, dans *Les Anges et les faucons*, autre livre à la gloire de Notre-Dame :

> Un rayon blême perce le ciel, droit sur les tours. Je pense soudain : Victor Hugo. Le nom se détache absurde, énorme dans ma tête, se dresse, se carre dans la stature du H. Et la forme de chaque tour répète la verticale et la harpe du H. Hugo deux fois. Deux grands Hugo droits[1].

Peut-être plus encore que celui du génial et prolifique auteur de vingt-neuf ans, un nom est universellement lié à Notre-Dame, celui d'un personnage, et non des moindres : Quasimodo, le carillonneur.

D'emblée, Hugo souligne qu'il existe un lien singulier entre cet être repoussant et hideux et la splendide cathédrale : « Séparé à jamais du monde par la double fatalité de sa naissance inconnue et sa nature difforme, enfermé dès l'enfance dans ce double cercle infranchissable, le pauvre malheureux s'était accoutumé à ne rien voir dans ce monde au-delà des religieuses murailles qui l'avaient recueilli à leur ombre. Notre-Dame avait été successivement pour lui, selon qu'il grandissait et se développait, l'œuf, le nid, la maison, la patrie, l'univers[2]. »

C'est une sorte d'équivalence qui s'instaure entre le carillonneur et son cadre de vie, une forme d'harmonie imitative, oui une magie s'opère qui tient de la métonymie et de l'alchimie : à force d'y vivre et d'y dormir, à force de

1. Patrick Grainville, *Les Anges et les faucons*, Éditions du Seuil, 1994, p. 199.
2. V. Hugo, *Notre-Dame de Paris, op. cit.*, p. 148.

la parcourir en tous sens et dans l'ampleur de sa hauteur et de son étendue, Quasimodo a fini par ressembler à la vénérable cathédrale dont il est vraiment l'émanation ; Notre-Dame est « sa demeure, son trou, son enveloppe[1] ».

On a l'impression qu'en brossant le portrait de cet être borgne, boiteux, bossu, le romancier s'en donne à cœur joie. Mais plus que la personne même de Quasimodo, ce sur quoi il insiste, avec une jubilation contagieuse, c'est sur ce lien mystérieux qui existe entre le personnage de chair et le paysage de pierre, entre le monstre et sa coquille. « Il y avait entre la vieille église et lui, écrit encore Hugo, une sympathie instinctive si profonde, tant d'affinités magnétiques, tant d'affinités matérielles, qu'il y adhérait en quelque sorte comme la tortue à son écaille. La rugueuse cathédrale était sa carapace[2]. »

La « réalité rugueuse », que l'homme aux semelles de vent rêvait d'étreindre, vient-elle de là ? Quasimodo est l'enfant et le double de la cathédrale, il se confond avec elle, il la mime et il la reproduit, et Hugo, qui ne craint pas d'affronter les mythes et de donner à son roman un substrat initiatique propre à enchanter le lecteur en suscitant sa rêverie, se complaît à cultiver cette fascinante similitude, « cet accouplement singulier, symétrique, immédiat, presque co-substantiel, d'un homme et d'un édifice ».

À Notre-Dame, Quasimodo est vraiment chez lui, et le lecteur aussi. Jamais, me semble-t-il, on n'était entré à ce point dans l'intimité de la cathédrale et dans son mystère.

1. *Ibid.*, p. 148.
2. *Ibid.*, p. 148-149.

Jamais une telle « cohabitation » n'avait été explorée, et une impression s'impose : grâce à Hugo, à sa verve et à ses images, la « rugueuse cathédrale » se dévoile enfin, elle se laisse parcourir, rien ne résiste au romancier, les profondeurs de l'édifice sont pénétrées, les hauteurs escaladées… Et, bien entendu, ce sont les fameuses tours, « ces deux géantes jumelles, si hautes, si menaçantes, si redoutables » qui excitent l'imagination, et le romancier visionnaire de suivre son personnage en train « de sauter, de grimper, de s'ébattre au milieu des abîmes de la gigantesque cathédrale », ce Quasimodo « devenu en quelque sorte singe et chamois, comme l'enfant calabrois qui nage avant de marcher, et joue, tout petit, avec la mer[1] ».

Rarement, dans l'histoire de la littérature, un monument aura inspiré à ce point un écrivain, en lui offrant l'occasion de livrer tant de pages d'anthologie. À cet instant aussi, la poésie s'installe au cœur du roman qui ne se réduit plus au seul influx de l'intrigue : le texte, d'ailleurs, croît et se boursoufle comme la cathédrale ; les greffons, les digressions, les efflorescences prolifèrent mais, et là réside le génie de Hugo, l'écriture, admirable, n'est pas simple enchaînement de parenthèses lyriques et grandioses, elle se met tout entière au service d'un portrait en sympathie et en mouvement :

> Après tout, [Quasimodo] ne tournait qu'à regret sa face du côté des hommes. Sa cathédrale lui suffisait. Elle était peuplée de figures de marbre, rois, saints, évêques, qui du moins ne lui éclataient pas de rire au nez et

1. *Ibid.*, p. 149.

n'avaient pour lui qu'un regard tranquille et bienveillant. Les autres statues, celles des monstres et des démons, n'avaient pas de haine pour lui Quasimodo. Il leur ressemblait trop pour cela. Les saints étaient ses amis, et le gardaient. Aussi avait-il de longs épanchements avec eux. [...] Et la cathédrale ne lui était pas seulement la société, mais encore l'univers, mais encore toute la nature. Il ne rêvait pas d'autres espaliers que les vitraux toujours en fleur, d'autre ombrage que celui de ces feuillages de pierre qui s'épanouissent chargés d'oiseaux dans la touffe des chapiteaux saxons, d'autres montagnes que les tours colossales de l'église, d'autre océan que Paris qui bruissait à leurs pieds[1].

On le mesure alors : la virtuosité du thuriféraire magistral de Notre-Dame ne nuit en rien au surgissement de l'émotion, bien au contraire.

*

Je feuillette une édition illustrée de *Notre-Dame de Paris* publiée par la librairie Larousse en 1935 et illustrée par F.-M. Salvat. Je l'ai trouvée tout récemment dans la caverne aux trésors de Julien Rouxel rue d'Amsterdam à Paris. Je feuillette et je rêve...

C'est au fil des illustrations sombres, expressives, médiévales et gothiques que l'on mesure combien Hugo a imposé, de manière définitive et féconde, un imaginaire de Notre-Dame, oui un imaginaire plus qu'une imagerie. Bien évidemment les « grandes scènes » du roman se prêtent à

1. *Ibid.*, p. 151.

merveille à la transposition graphique – la plus connue, la plus frappante aussi étant celle des flots de plomb déversés du haut de l'édifice sur la marée des truands attaquant la cathédrale – mais les détails architecturaux, les gargouilles, les monstres, les statues, la « charpente prodigieuse » qu'on appelle déjà la « forêt » – se métamorphosent en vignettes sous le crayon et le pinceau de l'illustrateur.

La cathédrale ne cessera de hanter des millions de lecteurs. Elle inspirera d'autres créateurs, écrivains, peintres, architectes. La cathédrale comme motif universel mais aussi comme sanctuaire : Notre-Dame de Paris, la vaste symphonie minérale dressée sur son île au cœur de la capitale.

La cathédrale comme patron de l'imaginaire, église, mais aussi modèle littéraire : il n'est pas aventureux de penser que le roman de Hugo a marqué Proust au point de lui donner l'idée d'édifier, à son tour, non pas un livre mais un ensemble de livres qui aurait la puissance, la majesté, l'envergure d'une *œuvre-cathédrale*. Dans une lettre adressée au peintre Jean de Gaigneron le 2 août 1919, il écrit : « [...] quand vous me parlez de cathédrales, je ne peux pas ne pas être ému de votre intuition qui vous permet de deviner ce que je n'ai jamais dit à personne et que j'écris ici pour la première fois : c'est que j'avais voulu donner à chaque partie de mon livre le titre : Porche I, Vitraux de l'abside, etc.[1] »

La cathédrale n'est donc pas seulement architecturale ou picturale, elle est aussi littéraire, qu'elle se donne comme le cadre et le creuset d'une fiction ou qu'elle s'érige en principe de composition d'une œuvre

1. *Correspondance de Marcel Proust*, Plon, 1990, t. XVIII, p. 359.

gigantesque prête à défier et à fixer le temps. Et dans cette alchimie, le fabuleux romancier joue un rôle éminent et fondateur : il demeure à jamais, après la Révolution profanatrice et au seuil du XIXe siècle positiviste, l'*inventeur* de Notre-Dame.

15

Rien de plus beau que les coutumes en usage à Notre-Dame, du Moyen Âge à la Révolution. Tout d'abord, la cathédrale était un espace inviolable, comme toute église à cette époque. Hugo rapporte ainsi qu'« une fois le pied dans l'asile, le criminel était sacré ». Mais il était prudent qu'il n'eût pas l'aventureuse idée d'en sortir. « Un pas hors du sanctuaire, il retombait dans le flot. La roue, le gibet, l'estrapade faisaient bonne garde à l'entour du lieu de refuge, et guettaient sans cesse leur proie comme des requins autour du vaisseau. On a vu ainsi des condamnés qui blanchissaient dans un cloître, sur l'escalier d'un palais, dans la culture d'une abbaye, sous un porche d'église[1]… »

Tout sanctuaire était un domaine absolument sacré et Hugo rapporte ainsi plaisamment qu'un cerf, chassé par Dagobert et qui s'était réfugié près du tombeau de saint Denis, ne fut pas poursuivi par la meute, laquelle s'arrêta net mais avec force aboiements…

1. V. Hugo, *Notre-Dame de Paris*, *op. cit.*, p. 362.

De la même manière, soupçonnée d'avoir assassiné son mari Chilpéric, la reine Frédégonde avait trouvé refuge, dit-on, dans l'enceinte de la première Notre-Dame pour échapper à la justice des hommes et nombre de malfrats suivirent ensuite son exemple.

L'évêque avait sa propre justice dénommée « barre du Chapitre » et disposait, sur le parvis, d'une « échelle patibulaire » où l'on exposait les criminels. Les censures épiscopales n'engageaient que les âmes et, s'il y avait un crime que l'accusé ne voulait pas réparer, on s'en remettait alors à la justice du roi.

Au chapitre des coutumes pittoresques, la plus saisissante était sans nul doute la fête des Fous à l'occasion de laquelle, selon le principe d'une inversion des valeurs et dans l'élan d'une belle et grande effervescence vitale, le peuple s'adonnait à mille excentricités et extravagances licencieuses dans des sortes d'orgies flamandes, marquées par les grimaces et les cris, que Hugo caractérise joliment comme « une vaste fournaise d'effronterie et de jovialité[1] ».

À cette occasion, on hurle, on se convulse, on sombre dans le sabbat et le fumier… C'est l'atmosphère joyeuse des tableaux festifs de Breughel. Et la foule criarde et déchaînée se choisit un pape.

En 1198, cette coutume sera interdite et suspendue à la demande d'un légat du pontife romain. L'évêque d'alors, Eudes de Sully, se rangera à l'avis de l'évêque de Rome mais la pratique, populaire et vivace, reviendra vite. Dans le roman hugolien, Quasimodo se voit élu pape des fous :

1. *Ibid.*, p. 49.

L'acclamation fut unanime ; on se précipita vers la chapelle. On en fit sortir en triomphe le bienheureux pape des fous. Mais c'est alors que la surprise et l'admiration furent à leur comble ; la grimace était son visage. Ou plutôt toute sa personne était une grimace. Une grosse tête hérissée de cheveux roux, entre les deux épaules une bosse énorme dont le contre-coup se faisait sentir pardevant ; un système de cuisses et de jambes si étrangement fourvoyées qu'elles ne pouvaient se toucher que par les genoux, et, vues de face, ressemblaient à deux croissants de faucilles qui se rejoignent par la poignée ; de larges pieds, des mains monstrueuses ; et, avec toute cette difformité, je ne sais quelle allure redoutable de vigueur, d'agilité et de courage ; étrange exception à la règle éternelle qui veut que la force, comme la beauté, résulte de l'harmonie. Tel était le pape que les fous venaient de se donner. On eût dit un géant brisé et mal ressoudé[1].

La fête des Fous accomplit pleinement sa vocation en désignant à sa tête un pape difforme et tordu…

Heureusement il existe des fêtes moins effrontées et moins sauvages.

Ainsi, pendant la messe de la Pentecôte, pour symboliser l'effusion du Paraclet et rappeler la descente subite des langues de feu sur les apôtres, on jetait, par des orifices creusés dans la voûte, des oiseaux, des fleurs et de l'étoupe enflammée. Le jour de l'Assomption, on étendait des étoffes précieuses sur le pavage de la cathédrale.

1. *Ibid.*, p. 51-52.

D'autres rites méritent encore d'être cités. En 1402, un certain Jean Robinet se présenta dans le chœur de Notre-Dame au moment des vêpres, une serviette nouée au cou et portant un bassin et des ciseaux. C'était un serf et, avant qu'il n'entrât dans les ordres, il fallait l'affranchir de son état de servitude. Chacun des chanoines présents lui coupa une mèche de cheveux. Alors on le renvoya dans son diocèse et M. de Meaux put l'ordonner.

Bien plus tard, sous Louis XIV, lors des visites du souverain et de la reine, les deux bourdons sonnaient dès la veille, de 5 heures à 5 h 30. Et de même le lendemain. L'archevêque accueillait le couple royal sur le seuil de la cathédrale et lui présentait l'eau bénite. Agenouillés sur des prie-Dieu installés à leur intention, le roi et la reine baisaient ensuite la relique de la Vraie Croix. Le chœur et la nef étaient admirablement gardés : gardes du corps et suisses assuraient ce service.

À la veille de Pâques, en 1229, Raymond VII, comte de Toulouse, fut absous du terrible crime d'hérésie. Pour ce faire, il fut conduit, en chemise et pieds nus, devant l'autel.

En 1248, juste avant de prendre la route de la Terre sainte, Saint Louis reçut à Notre-Dame, des mains de M. de Paris, le bourdon et l'écharpe du pèlerin.

Le 19 mars 1314, Jacques de Molay, grand maître des Templiers, Geoffroy de Charnay, précepteur de Normandie, et deux autres frères, juchés sur la plate-forme de l'échelle patibulaire qu'on avait dressée sur le parvis, entendirent la liste des crimes imputés à leur ordre et l'annonce de leur condamnation à la prison à vie. Deux cardinaux, légats du pape Clément V, exigèrent du grand maître qu'il passât aux aveux. Ce dernier s'y refusant, il fut condamné à être brûlé vif le soir même, à la pointe de l'île de la Cité.

« Pape Clément ! Roi Philippe ! Avant un an, je vous cite à comparaître devant le tribunal de Dieu pour y recevoir votre juste châtiment. Maudits ! Maudits ! Soyez tous maudits jusqu'à la treizième génération de vos races ! » cria-t-il sur le bûcher. Encerclé par les flammes, Jacques de Molay lança encore ses imprécations. Puis, comme son compagnon d'infortune Geoffroy de Charnay, il affronta la mort en priant, le regard tourné vers l'Orient et les tours de Notre-Dame, que l'on apercevait au-dessus des toits. On se souvient encore de la scène dans l'adaptation du cycle romanesque de Maurice Druon diffusée sur les « étranges lucarnes » de l'ORTF en 1972…

Un dimanche de 1490, pendant la messe, un certain Jean l'Anglais, qui prétendait être prêtre, arracha l'hostie des mains du célébrant avant de la profaner. Arrêté sur le fait, il fut jugé et condamné au châtiment des flammes. En 1550, un dimanche de l'Avent, c'est un hérétique qui, l'épée au poing, se jeta sur l'officiant. Vite désarmé, il fut emprisonné.

On pourrait conduire à l'infini cet inventaire des heures glorieuses, tragiques ou pittoresques de Notre-Dame, entre héros auréolés et anonymes aux vies minuscules…

16

Il existe un lien naturel entre les grands jalons de l'Histoire de France et la cathédrale de Paris qui en est la caisse de résonance.

Ainsi l'usage voulait que les rois fussent sacrés à Reims, enterrés à Saint-Denis, mais on célébrait leur oraison funèbre à Notre-Dame.

Il faut toutefois noter quelques exceptions :

– Le corps de Saint Louis fut exposé à Notre-Dame avant d'être transporté à Saint-Denis.

– Le 24 août 1560, le cardinal de Bourbon sacra et couronna Marie Stuart, reine d'Écosse et épouse de François II, roi de France.

– On célébra le 18 août 1572 le mariage d'Henri IV avec Marguerite de Valois.

– Le 22 mars 1594, après son entrée triomphale dans Paris, le roi vert et galant assista à la messe à Notre-Dame et au *Te Deum* qui suivit.

– Ses obsèques y furent aussi célébrées, plus d'un mois après son assassinat. Dans son *Journal*, Pierre de L'Estoile rapporte que « le mardi 29 juin 1610, jour de Saint-

Pierre, le corps du feu roi fut porté du Louvre à Notre-Dame, avec les pompes, solennités et cérémonies accoutumées d'observer aux obsèques et enterrements des rois de France ». Et il ajoute : « Il y eut si grand concours et affluence du peuple à le voir passer, que le monde s'y entretuait. »

17

Une fois encore, mon regard se porte sur la photographie de la cathédrale dévastée.

Que s'est-il passé ? Plus qu'à un incendie, c'est à un bombardement que l'on songe : la nef est à ciel ouvert, elle a perdu son toit, la « forêt » prodigieuse est partie en fumée, le dallage aux carreaux noirs et blancs a disparu sous un amas de poutres noircies. Notre-Dame est désormais en péril, elle n'est plus qu'une carcasse offerte aux vents et aux averses.

Au XIX*e siècle, dans un temps marqué par la rage scientiste et positiviste, considérant les travaux menés par Viollet-le-Duc et Quicherat, Huysmans s'était ému qu'on ne vît « dans la basilique ogivale qu'un corps de pierre*[1] *» et il s'était insurgé contre l'avènement des architectes, à la fois physiologistes et historiens, et leurs préoccupations uniquement techniques qui instaurent un détestable « matérialisme des monuments ». L'oblat manqué et prophétique ne pouvait que conchier tous ces adeptes de la coque et de*

1. Joris-Karl Huysmans, *Trois églises et trois primitifs*, Librairie Plon, 1908, p. 4.

l'écorce qui passaient à côté de la seule chose qui, selon lui, importât : l'âme de la cathédrale.

Et précisément, dans sa lecture symbolique du monument, peut-être plus encore que les murailles ou les vitraux, ce qui retient de manière primordiale l'attention de Huysmans, c'est la toiture et ce qu'elle représente. Les historiens et les critiques en général ont une science incomparable, des audaces et des certitudes, l'aisance allègre des doctes ; ils analysent et ils savent, mais dans leur lecture du monument, il arrive qu'ils négligent le recours aux symboles et à ce médium singulier où ces derniers prennent corps : la littérature. La préservation et la sécurisation sont essentielles, mais le matérialisme *ne saurait l'emporter, il est une étape indispensable qui ne peut en aucune manière masquer et encombrer l'horizon.*

Une fois encore, en regardant jusqu'à la hantise le cliché de la cathédrale défigurée, profanée par le brasier et les cataractes des soldats du feu, je songe à ces lignes de l'auteur de La Cathédrale *: « Le toit est l'emblème de la charité ; les tuiles, destinées à abriter le temple des pluies, sont les soldats qui protègent l'Église contre les entreprises des païens ; les pierres des murailles, soudées entre elles, certifient, d'après saint Nil, l'union des âmes, et suivant Hugues de Saint-Victor, le mélange des laïques et des clercs qui constituent la société chrétienne, qui sont, dit-il, les deux flancs d'un même corps*[1]. *»*

Bien évidemment il ne s'agit pas de suivre Huysmans jusqu'au bout, dans sa rage et ses excès. Mais comment se retenir pour ne pas deviner dans ces ruines calcinées, ces poutres disloquées, les signes d'un autre incendie, de ravages plus terribles encore, ceux de l'explosion d'un modèle de société célébré par Huysmans – une stabilité, une harmonie, une unité, une cohérence ?

1. *Ibid.*, p. 10-11.

LA PERSONNE
DE NOTRE-DAME

1

Un lien unique et inaltérable rattache la cathédrale à la France et à la royauté. L'Histoire nationale, on l'a vu, est liée à Notre-Dame qui se veut le sanctuaire des grands événements. Les monarques reconnaissent donc la cathédrale de Paris comme la première des églises du royaume.

On en a la preuve avec la statue de Notre-Dame des Sept Douleurs, placée derrière le maître-autel préconciliaire et qu'on nomme communément le « Vœu de Louis XIII ». En 1637, heureux de ses réussites militaires contre l'empire des Habsbourg et l'Espagne, le roi inquiet et timide fit le vœu de se consacrer, lui et son royaume, à la Vierge, protectrice spéciale de la France. Des lettres patentes, signées à Saint-Germain-en-Laye, furent aussitôt envoyées aux archevêques et aux évêques, qui leur enjoignaient de faire mémoire de ce vœu aux grand-messes célébrées le 15 août dans les églises cathédrales et d'organiser, à l'occasion des vêpres, une grande procession, et ce dans toute l'étendue du royaume.

Parallèlement Louis XIII fit aussi vœu d'édifier un autel nouveau dans la cathédrale mais cette intention, confirmée dans son testament, resta lettre morte.

Le 5 septembre 1638, Anne d'Autriche, à laquelle il était marié depuis vingt ans, donna naissance à un héritier que l'on regarda aussitôt comme l'« enfant du Vœu ». Ce fut donc Louis XIV qui honora les promesses de son père. Les travaux ne commencèrent qu'à la toute fin du siècle. Robert de Cotte, l'architecte du roi, en prit la direction. On commanda à Coustou la grande sculpture de Notre-Dame des Sept Douleurs et on l'encadra de deux statues : d'un côté, Louis XIV, à genoux, en roi très chrétien, consacre la France à la Mère de Dieu ; de l'autre, Louis XIII lui offre sa couronne.

Pour installer ce nouvel ensemble, on n'hésita pas à détruire le maître-autel ancien, le jubé et les stalles. La monarchie s'installait enfin au cœur de Notre-Dame, au plus sacré du sanctuaire et, preuve supplémentaire de ce lien ainsi manifesté, les entrailles des deux rois furent ensevelies sous le maître-autel. C'est ainsi que le 4 septembre 1715, à 23 heures, soit trois jours après sa mort, les entrailles de Louis XIV furent déposées dans le caveau où reposaient déjà celles de son père.

Il faudrait le souffle et l'emphase de Chateaubriand pour exprimer le grand chavirement qui s'annonce.

Les temps changent, l'incrédulité croît, même chez les aristocrates. Une classe monte qui veut sa part du pouvoir et des honneurs. Le vieux monde craque de toutes parts, déjà l'effroi sanglant se dessine, la violence, la liquidation de la beauté, l'horreur des richesses que renferme la cathédrale, tous ces reliquaires, ces châsses d'or et d'argent, ces autels d'émail et de cuivre, ces statues, ces tapisseries somptueuses…

Oui, le carnage dévastateur est proche, qui, dans un

mouvement de détestation absolue, veut effacer les rois, les pères, les pontifes, les hommes mitrés et crossés, les figures d'autorité. Les coupeurs de têtes, ces exaltés et ces enragés, ne reconnaissent qu'une autorité, celle du peuple qu'ils manipulent, donc la leur… La tyrannie de la terreur s'apprête à remplacer la monarchie somme toute assez tiède et émolliente.

Le 5 août 1789, Mgr de Juigné, archevêque de Paris, chante un *Te Deum* pour l'abolition des titres et des droits féodaux. C'est le début de la fin. La Révolution va tout bouleverser, codes, usages, manières, sensibilités ; elle érige en principes les assauts de la rage et de l'instinct, elle nie la tradition et la continuité des siècles qu'elle s'acharne à détruire. Elle va tuer le monarque, décapiter les statues des patriarches et des rois de Juda, profaner les tombeaux, dresser les échafauds et faire valser au bout de piques les visages suppliciés de ses martyrs…

Ce « vent de la Colère[1] » qu'entend monter Chateaubriand est une lame de fond que rien ne contiendra, une lame qui déferle, sans limite et sans frein, portée par un peuple assoiffé de sang, de vengeance, de massacres. Et la cathédrale est évidemment une cible idéale sur son chemin de saccage et de viol.

*

On entre dans des temps de haute incertitude. Le ressentiment, la rage de détruire, le désir d'éradiquer, dans la violence, les signes de l'ancien monde sont à l'œuvre.

1. François-René de Chateaubriand, *Le Génie du christianisme*, Société reproductive des bons livres, 1838, t. III, p. 17.

Les grands monuments français ne seront pas épargnés et la cathédrale parisienne tout particulièrement. C'est ainsi que la flèche du transept est abattue. On ordonne également la destruction des statues extérieures. On s'attaque au trésor, on fait fondre des reliquaires d'une inestimable valeur.

Voici ce que l'on peut lire dans l'*Acte de l'enlèvement des objets précieux du Trésor de Notre-Dame par le comité révolutionnaire de la section, en 1793* : « On prit des calices, des châsses, des reliques, des tapisseries des Gobelins, du linge d'autel, des aubes, des ornements de prêtres, le linge, les effets d'habillement et la literie des enfants de chœur, etc. Tous ces objets furent chargés sur une charrette et, en deux voyages, transportés à la Maison commune. »

Avec la même méthodique sauvagerie, les hommes de main de la Cause révolutionnaire s'emparèrent des tableaux, transportés dans les magasins de la Ville de Paris, et des douze mille livres et manuscrits que contenait la bibliothèque. Les huit cloches de Notre-Dame furent fondues et converties en monnaie de billon. Symboliquement on brisa un des deux bourdons qui portait le nom de Marie.

Rien ne devait subsister qui fût de nature à *blesser les yeux républicains*: si la formule est délicieuse, la réalité l'est moins. Certes le peuple, on l'a dit, est associé à cette entreprise de saccage et de pillage mais c'est la tête pensante qu'il faut d'abord incriminer, ce vandalisme savamment, sciemment, administrativement décidé et organisé par la Commune de Paris.

À cet égard, le peintre David porte, de manière incontestable, la responsabilité de la tragique mutilation de la galerie des rois. Il croyait y voir, en effet, une exaltation de la monarchie française et c'est lui qui, le 7 novembre 1793, proposa, devant le Comité d'instruction publique de la Convention, d'« ériger une statue représentant le peuple français, dont la base serait formée des débris de ces statues ». On croit rêver mais c'est oublier que l'ivresse et la hargne des idéologues n'ont pas de limites. Les saturnales sont appelées à prendre la place des messes et autres célébrations liturgiques dans un bâtiment dévasté et promis à la vente…

Comme dans toutes ces profanations révolutionnaires, une chose est hautement indécente et terrible : le fait qu'on eût osé s'en prendre aux tombeaux.

On peut imaginer que quelques sépultures épiscopales furent l'objet de fouilles saccageuses et scandaleuses : il s'agissait sans doute, plus que de troubler le sommeil éternel de gisants momifiés et blanchis, de voler quelques anneaux et croix pectorales, quelques améthystes, d'arracher aux lambeaux d'un pallium ses épingles d'or…

Sont-ils allés, ces voyous aux allures de soudards et aux yeux injectés de sang, jusqu'à soulever les dalles du pavage du chœur pour extraire du soubassement du maître-autel les vases funéraires qui renfermaient les entrailles de Louis XIII et de son fils ? On peut penser que ces modestes viscères enfouis au pied de la blanche et terrible statue de Notre-Dame des Sept Douleurs n'étaient pas de nature à les satisfaire.

Ils voulaient bien plus que ces boyaux aseptisés et racornis : ils cherchaient les dépouilles, les corps mêmes des rois, et eux, ou leurs frères, iraient les chercher dans cette nécropole lugubre mais si fascinante de Saint-Denis, ils descendraient avec la même folie dans ce que l'auteur du

Génie du christianisme appelle « le souterrain des princes anéantis »… Oui c'est là que ces barbares sont allés sortir de leurs bières les cadavres impeccablement conservés des souverains et, dans leur rage macabre, ils ont reconnu Louis XIII à sa moustache, intacte, et Louis XIV à ses grands traits mais, ironie du sort, celui qui s'était rêvé en roi solaire était d'un noir d'encre…

Chateaubriand a des pages admirables sur l'épouvantable profanation de Saint-Denis :

> Elles ne sont plus ces sépultures ! Les petits enfants se sont joués avec les os des puissants monarques : Saint-Denis est désert ; l'oiseau l'a pris pour passage, l'herbe croît sur ses autels brisés ; et, au lieu du cantique de la mort qui retentissait sous ses dômes, on n'entend plus que les gouttes de pluie qui tombent par son toit découvert, la chute de quelque pierre qui se détache de ses murs en ruine, ou le son de son horloge, qui va roulant dans les tombeaux vides et les souterrains dévastés [1].

Un culte singulier s'installait à Notre-Dame, qui échapperait ainsi à la loi du désert et des ruines, et le monde nouveau ferait bientôt de la cathédrale l'entrepôt des vins de la République…

1. *Ibid.*, p. 20-21.

2

Ce sont des heures sombres pour Notre-Dame. Au début, chaque *avancée* politique a été saluée par un *Te Deum.* Dès 1789, la garde nationale s'est établie dans la cathédrale. Conciliant, l'archevêque, Mgr de Juigné, laisse la municipalité utiliser le sanctuaire. En février 1790, Louis XVI et Marie-Antoinette assistent encore à un office dans la cathédrale. Mais la Constitution civile du clergé, proclamée le 12 juillet 1790, bouscule de fond en comble l'ordonnancement de l'Église de France. C'est ainsi que le chapitre cathédral est dispersé, la salle capitulaire fermée, ses clés remises à la municipalité. Conformément aux nouveaux statuts, ce sont les électeurs du département de la Seine qui doivent élire l'évêque, quelles que soient leurs convictions religieuses. Le 3 janvier 1791, Jean-Baptiste Gobel est désigné. Mgr de Juigné a fui, sans toutefois renoncer à son titre.

Les Parisiens investissent la cathédrale, plus accessible, plus « démocratique »… C'est sans doute alors que le jubé, que l'on considère comme un obstacle et un vestige de l'ancien monde, est détruit. Dès 1792, les choses s'enveniment, l'effort de guerre exige la réquisition des métaux précieux, les châsses sont fondues, dont celle de saint Marcel si remarquable ; plus tard, la Convention ordonnant la liquidation de toutes les marques monarchiques et féodales, les statues de la galerie des rois sont victimes d'un véritable régicide lapidaire : les rois de la Bible, ou les rois de France, tout est mis dans le même sac et finira amoncelé et enterré sous des immondices…

L'horreur n'a pas de limites. En novembre 1793, l'évêque constitutionnel Gobel dépose ses ornements épiscopaux à la Convention. Le calendrier révolutionnaire s'impose alors comme l'unique référence, Notre-Dame devient le théâtre de cérémonies civiques. Des rituels parodiques y sont joués, une comédienne, Thérèse-Angélique Aubry, tient le rôle de la Liberté, vêtue de blanc, et portant un bonnet rouge sang. On atteint des sommets inégalés dans la théâtralité kitsch et le ridicule.

La cathédrale se métamorphose en temple de la Raison triomphante, c'est la Raison que l'on vient désormais adorer, c'est elle qui éclaire et met fin à la tyrannie du mystère et de la superstition… C'est l'Être suprême qui habite désormais le grand vaisseau de l'île mais, quand il s'agit de le célébrer, l'inflexible Robespierre, le 8 juin 1794, jette son dévolu sur le Champ-de-Mars, plus vaste, plus ouvert, moins marqué des signes honnis de l'Ancien Régime…

La cathédrale souffre. C'est une ruine, avec des gravats partout, les débris des statues et des éléments architecturaux pulvérisés. Les œuvres d'art sont déposées, fragiles, offertes à tous, dans l'attente de leur transfert dans les musées nationaux. Plus de *Te Deum*, plus de grandes cérémonies festives. La mode, à présent, est d'entasser dans la nef les barriques de vin qui vont étancher la soif des soldats de la République.

On n'est plus à une hérésie près : le titulaire des grandes orgues n'hésite pas à jouer *La Marseillaise* et le *Ah ! ça ira.* C'est certes très éloigné de Charpentier ! Mais le maître Claude Balbastre sauvera son instrument grâce à ce geste incongru : sans cela, les tuyaux auraient été descendus et transformés en armes…

3

On raconte qu'au plus sombre de ces journées de folie saccageuse et dévastatrice, un jeune homme, dénommé Fabien, se risqua au milieu de la foule qui vociférait et blasphémait dans la cathédrale. Il avait été ordonné quelques années plus tôt et il ne s'était pas résolu, comme nombre de ses condisciples, à fuir Paris pour se terrer à la campagne. Il allait de mansarde en grenier, priait beaucoup dans ces oratoires clandestins et implorait le Ciel de bien vouloir mettre fin aux épreuves que traversaient le Royaume et l'Église.

Il avait voulu en avoir le cœur net : averti de ce qui advenait désormais à Notre-Dame, surmontant l'angoisse et l'écœurement qui l'étreignaient, il s'était décidé à entrer dans la nef profanée pour constater, *de visu,* ce qui s'y faisait. L'orage menaçait et il s'était drapé dans un grand manteau sombre. Coiffé d'un chapeau de feutre noir, il s'aventura dans la cathédrale où résonnaient des cris et d'étranges cantiques.

Une assemblée hurlante se démenait, saisie par le déchaînement des instincts : on entendait des rires effrayants ; les hommes, vêtus de rouge et portant de curieux bonnets, trépignaient, comme ivres. Un orateur fou s'était perché dans la chaire, il invectivait et hurlait, sommant Dieu de le frapper du feu céleste s'Il existait…

C'en était trop. Un cortège se préparait, avec un âne mitré et enveloppé d'un pluvial… Allait-on singer l'entrée du Christ à Jérusalem ? Des femmes, loqueteuses et édentées, grimaçaient en regardant le jeune homme d'un œil mauvais.

Dans le chœur, à l'endroit même où il s'était allongé aux pieds de celui qui l'avait oint quelques années plus tôt, s'élevait une sorte de montagne en carton-pâte supportant un petit temple grec. Le mobilier liturgique avait disparu, des fragments de statues fracassées jonchaient le pavage…

Affolé, Fabien voulut se réfugier dans une chapelle latérale mais il devina vite qu'elles étaient devenues le creuset de turpitudes. Il se mit subitement à hurler : « Pitié, Seigneur ! Pitié ! Ne nous maudissez pas, pardonnez-nous ! »

Dès qu'elle entendit ces mots, la foule se tut. Un homme lui arracha aussitôt son chapeau et son manteau ; la blancheur de la peau du jeune homme, sa pureté saisirent la meute des voyous qui se mit à crier : « C'est un aristocrate ! À mort ! » Une femme, sous l'empire de la boisson, s'approcha de lui et fit mine de l'étreindre. « Ne me touchez pas, hurla-t-il, je suis prêtre ! »

On le ligota et on le traîna dehors. L'orage donnait à plein et il tombait des trombes. On croyait que la foudre allait anéantir la cathédrale… Fabien voyait avec une effroyable lucidité ce à quoi il était promis. Il priait, il implorait la Dame de l'île, non pas de lui épargner l'échafaud, mais de faire en sorte que son sang ne fût pas versé en vain.

Un jour, lointain sans doute, et qu'il ne verrait pas de cette terre, le culte catholique serait rétabli à Notre-Dame, effaçant le souvenir de la sauvagerie, des bacchanales et des débordements orgiaques.

Un jour, le sourire de la Vierge réapparaîtrait dans la cathédrale, un sourire d'une gravité nouvelle, comme assombri par la mémoire des souverains et des jeunes lévites au cou coupé…

4

La Révolution française n'aime pas les chefs, et la sinistre invention du bon docteur Guillotin lui sera un instrument précieux dans son œuvre ininterrompue de décollation… Autrefois on avait recours au feu, à la corde, à la roue ; les mandragores poussaient, de manière poétique, au pied des gibets : à présent, le sang fraîchement versé vient inonder la sciure ou le sable présents au bas de l'échafaud.

On tronçonne à loisir : le couple royal, pourtant sacré, y passe, les aristocrates, des ecclésiastiques, des dignitaires de tous ordres et même, chose plutôt savoureuse, les inflexibles et les incorruptibles, tous ces agents de la Terreur, s'éliminent entre eux…

Mais la Révolution, on l'a vu, ne saurait se contenter des chefs de chair et de sang, ces détestables supports perruqués et poudrés, il lui faut plus, il lui faut aussi des têtes minérales, surtout si l'on pressent que ce sont celles de rois… Dans son holocauste terrible, tout emblème de l'ancien monde est condamné à disparaître, tout signe de l'exécrable féodalité, cette pyramide d'injustice et de soumission.

C'est sous cette lame affreuse que les vingt et un rois de la galerie de Notre-Dame seront précipités et brisés, les têtes rouleront aussi, pas dans le panier de sciure, directement sur le parvis de la cathédrale, vingt et une têtes de patriarches, de souverains de sagesse et de prophétie – 21, nombre maudit si l'on songe à ce qui s'est produit l'abominable 21 janvier 1793…

Parce que ce qui est à l'origine du martyre des rois de pierre, c'est bien l'exécution de Louis XVI. Un article des *Révolutions de Paris* stipule que les statues hiératiques de la galerie des rois devaient être décapitées comme l'avait été l'infortuné roi de trente-huit ans. Ce n'est pas le peuple qui procéda au régicide statuaire, mais un certain Varin, « entrepreneur patenté du Département ». Le compte rendu qu'il a laissé de son forfait dit expressément que les figures ont été « mutilées au dégagement des épaulles…, cols » ; les cous, en effet, ont été sectionnés au ciseau et les rois sans tête ont été ensuite transportés par le couloir étroit qui court, derrière la galerie, sur toute la largeur de Notre-Dame.

On est ici au second acte de la destruction des emblèmes de la royauté. Pour que la capitale devînt pleinement « berceau et creuset de la Révolution », il fallait que disparussent fleurons, blasons, sceptres et couronnes…

Nous avons déjà évoqué fugacement le sinistre Chaumette qui, dans une note intitulée *Signes de la royauté à effacer et translation du cœur de Mara aux Cordeliers*, écrit explicitement que « bientôt un républicain pourra marcher dans les rues de Paris, sans courir le risque de se blesser les yeux à la vue de tous ces attributs avilissans de la royauté qui étoient sculptés ou peints sur presque tous les édifices publics et les maisons particulières ».

Au début, on avait « toiletté » : à présent, il s'agit de s'en prendre frontalement, et en les supprimant, à « ces images repoussantes, monumens gothiques de la servitude de nos pères ». La phraséologie révolutionnaire est glaçante et on ne la connaît que trop : c'est celle de tous les liquidateurs, des coupeurs de têtes, des faussaires et autres falsificateurs, des tyrans froids et inébranlables, des juges des procès sans instruction, des geôliers des goulags et des camps de rééducation, des ennemis de la transcendance, de la vie intérieure et singulière, de la subjectivité, de la personne et de l'esprit.

Les « gothiques simulacres des rois de France » – on s'obstine dans cette obsession – seront emportés dans cette vague fanatique, ils seront descendus de leur perchoir céleste, ils tomberont, et la violence de leur chute, qui brisera les visages et tout spécialement les nez, sera telle que le choc enfoncera le pavage…

Ce n'est pas tout ! Là encore l'ignominie ne connaît pas de bornes. On devine, grâce au dramaturge et historien Louis Sébastien Mercier, auteur d'un *Nouveau Paris,* le sort qui leur fut peut-être infligé. Il commence par interpeller son public – « Vous souvenez-vous, lecteurs, ces rois du portail de Notre-Dame, ces masses informes, aussi épaisses que des éléphans, qui formoient un long cordon dans les niches du frontispice de la première église de Paris ? » – avant de révéler qu'elles sont désormais, au chevet de la cathédrale, enterrées sous les plus sales immondices. Il évoque encore la « grotesque et humiliante dégradation » de ces rois de pierre et il brosse un tableau qui n'est pas sans annoncer les pages du sac des Tuileries sous la plume de

Flaubert : il montre ainsi un grenadier, pipe au bec, escaladant le ventre rebondi d'un de ces souverains déchus ; un autre foule un visage qu'il souille sans état d'âme…

Certains contestent cette version : les statues n'auraient jamais été entassées derrière Notre-Dame, mais dans le cloître… De plus, à la date donnée par Mercier – septembre 1797 –, elles avaient quitté depuis un an au moins la périphérie de la cathédrale.

C'est un véritable roman policier qui se dessine. On a perdu la trace des rois de pierre, tout simplement parce que les pierres – et non les rois ! – ont été vendues à l'encan par l'administration et qu'elles sont désormais entre les mains d'un acheteur anonyme. Elles ne sont plus répertoriées : aucun registre, aucun document ne garde la mémoire des rois frontaux de Notre-Dame.

Elles seront retrouvées en 1977, rive droite, très loin de la cathédrale, enfouies 20 rue de la Chaussée-d'Antin, dans le sol de la cour de l'hôtel Moreau. Trouvaille hallucinante et inestimable ! Si l'on remonte le fil du temps, on apprend que le propriétaire de ce lieu était un certain Jean-Baptiste Lakanal du Puget et qu'à la différence de son frère, conventionnel, régicide et fanatique jacobin, il était, lui, « plus royaliste que le roi ».

C'est donc grâce à la foi chrétienne et à la fidélité monarchiste de Jean-Baptiste Lakanal du Puget que les chefs des rois de pierre ont trouvé cette sépulture secrète, une véritable chambre des têtes enterrée dans le nouveau Paris du négoce, de la banque et du luxe. Mais qu'importe ! Ils ont, depuis, quitté leur crypte de la rive droite pour être exposés dans une salle du musée de Cluny, certes plus près de la Sorbonne que de Notre-Dame, mais non loin d'une autre tête éminente de l'Histoire de France, celle du cardinal de Richelieu.

Et là aussi, comme à la nécropole royale de Saint-Denis, ce qui a attiré avant tout les profanateurs, bien plus que le tombeau de marbre, c'est l'existence de restes charnels, c'est cela qui a excité et grisé les vandales, lesquels ont réussi à atteindre la dépouille momifiée et à décapiter le « cruel ministre ». Le corps du cardinal d'État a ainsi fini à la voirie ou dans la Seine. Quant au chef, il aurait été conservé dans l'arrière-boutique d'un bonnetier nommé Cheval, avant d'achever son macabre voyage dans la maison d'un abbé breton, ancien du chapitre de Vannes…

Je reconnais que la proximité symbolique des chefs des rois de Notre-Dame et de celui du grand cardinal, désormais scellé sous une chape de béton et de nouveau recouvert du splendide monument de Girardon, n'est pas pour me déplaire…

5

La scène a été immortalisée par le peintre Jacques Louis David et, jadis, tout écolier français de l'autre siècle aurait pu la décrire par le menu, comme il connaissait par cœur les fables de La Fontaine, les poèmes de Hugo et de Maurice Carême, et les noms des affluents de la Seine et de la Loire… Cette toile impressionnante par ses proportions et sa dramaturgie montre Napoléon Ier en grand apparat et le front ceint de lauriers d'or prêt à déposer la couronne sur la tête de son épouse Joséphine – ils se sont mariés religieusement et en secret aux Tuileries la veille – sous le regard du pape Pie VII étrangement absent et blême, aussi blanc que sa chasuble et son large pallium frappé de grandes croix noires. Ce qui est fascinant aussi, et qui enchantait mon regard d'enfant prompt à l'émerveillement, c'est la magnificence des costumes, la disposition théâtrale des spectateurs réduits au rôle de figurants, la haute croix de procession dressée au centre de la toile, la forêt de mitres et la splendeur des chapes, le vert impérial du tapis qui recouvre le dallage et épouse parfaitement la forme des marches de l'autel et du trône…

Certes le pape est présent, il a surmonté sa peur des remous, dans un pays qu'il lui sait hostile, et sa hantise d'être empoisonné ; il a fait le voyage au départ de Rome dans une lourde berline attelée de six chevaux, une centaine de personnes dont six cardinaux l'accompagne et ce déplacement n'est pas dénué d'arrière-pensées : il ne déplairait pas au souverain pontife que le catholicisme retrouvât la place qu'il avait avant les convulsions révolutionnaires, c'est-à-dire celle d'une religion d'État, ce qui n'est pas dans les intentions de l'empereur soucieux de conserver un certain héritage de la Révolution.

Depuis l'accession de Pie VII au trône de saint Pierre, Napoléon a nettement manifesté son souhait de réconciliation, lequel n'est pas, non plus, exempt de considérations politiques : il rêve, en effet, d'accroître sa légitimité sur tous les sujets catholiques vivant dans les territoires sur lesquels la France a autorité alors que le clergé constitutionnel ne dispose que d'une influence restreinte, limitée au seul territoire français de 1790.

Napoléon désire aussi ardemment que le catholicisme rétabli demeure sous son contrôle, donc lui soit soumis, ce que montre, à sa manière, le tableau du sacre par David qui fait du couronné couronnant l'unique officiant d'un rituel destiné à asseoir son prestige et son éclat.

Apprenant ce projet de l'empereur, le Conseil d'État a tiqué. Il tient que ce sont les peuples qui couronnent et certainement pas Dieu. On avance un autre argument qui vaut objection : il n'y a plus de sainte ampoule… Quelle sera donc la valeur d'un sacre sans l'onction du chrême sacré de Reims ? De plus, le pape aurait préféré une cérémonie romaine. Pas question, pour l'empereur, d'aller à

Rome baiser la mule pontificale, le sacre aura bien lieu et naturellement à Paris, au cœur de la capitale, pas au Champ-de-Mars comme l'aurait voulu le Conseil d'État, mais dans le grand vaisseau cathédral arrimé aux berges de la Seine, à Notre-Dame où le culte a été restauré le saint jour de Pâques 1802.

Depuis son accession au pouvoir, Bonaparte est curieux de tout ce qui se déroule à Notre-Dame. Il se renseigne ainsi régulièrement sur l'ampleur des assemblées à l'occasion des *Te Deum* où, sous la présidence de l'évêque constitutionnel, on rend grâce à Dieu pour les succès militaires du pays.

Le futur empereur a également saisi l'importance de Notre-Dame, sa situation au cœur de la ville, sa portée symbolique, tout ce qu'elle dit aussi, malgré les offenses et les indignités récentes, de la grandeur de la France. Inutile donc de faire le voyage de Rome ou de Reims, il suffira d'aller des Tuileries à la cathédrale et ainsi la geste impériale sera fondée.

C'est un épisode inédit dans la vie de la cathédrale qui se joue là. On a exproprié de nombreuses maisons bordant le parvis de telle sorte qu'il puisse accueillir une foule importante. De plus l'édifice est dans l'état que l'on sait, abîmé, mutilé et il porte toujours les stigmates des profanations révolutionnaires. Qu'à cela ne tienne ! Le sacre de Napoléon ne saurait être célébré dans une cathédrale blessée ; on ne saurait montrer au pape les outrages et les outrances de l'athéisme.

Tout doit être mis en œuvre pour laisser accroire à ceux qui assisteront à l'événement hautement historique que le sanctuaire renaît et que la foi chrétienne s'y manifeste avec ardeur et piété, loin de la furie et des méfaits des sauvages qui ont décapité les rois de pierre et brisé tant de merveilles encore.

C'est en fait un univers d'illusions qui va être installé pour l'occasion, un véritable décor de théâtre conçu selon les principes de l'éphémère et du trompe-l'œil, pour tout dire du *cache-misère.* Le concours de deux architectes, Charles Percier et Pierre Fontaine, est sollicité. Ils vont tout faire pour dissimuler les traces des exactions de la Terreur.

Les mutilations de la façade disparaissent derrière un faux porche de style gothique où l'on peut voir un ensemble de statues symbolisant les trente-six villes représentées à la cérémonie, de Paris à Marseille et de Lyon à Rennes, sans oublier Genève, Turin, Liège, Anvers et Gand.

Clovis et Charlemagne encadrent l'entrée. L'aventurier corse n'entend pas s'avancer seul : il a besoin du parrainage des grandes figures de l'Histoire et la présence allégorique des trente-six principales villes invitées.

L'univers de l'illusion se poursuit avec la construction de deux galeries ornées de tapisseries des Gobelins venues du Louvre. Un vestibule, aux parois également couvertes de tapisseries, mène au grand escalier de l'archevêché.

Des tribunes sont aménagées, sur trois rangs, autour de la nef et du chœur comme au temps des grandes pompes funèbres d'avant la Révolution. Elles vont accueillir tout ce que le régime, pyramidal et efficacement structuré, comporte de hauts dignitaires : généraux commandant les divisions territoriales, généraux de division, présidents des cours d'appel, procureurs généraux, préfets maritimes et de département, archevêques et évêques – M. de Quimper est présent, tout comme ses confrères bretons à la notable exception de M. de Rennes –, présidents et procureurs généraux des cours criminelles, présidents des conseils généraux, sous-préfets et représentants du culte protestant, de l'Institut, de la société impériale d'agriculture et des députations coloniales…

Le trône du pape est posé sur un piédestal de onze marches, un simple dais et les armes pontificales le surplombent ; celui de l'empereur, deux fois plus haut, a été disposé sous un arc de triomphe monumental. L'intention est évidente : il ne s'agit surtout pas de s'agenouiller devant Rome et, sur le plan symbolique, c'est comme si le pape était déjà l'otage de Napoléon.

Il n'y a pas que le décor qui ait été minutieusement pensé, le rituel aussi. On observe d'abord un recentrement géographique : ce qui avait lieu à Reims, jusqu'à Louis XVI et dont Charles X sera plus tard l'ultime bénéficiaire, se passe à présent à Paris. À cet égard – et le canevas de la cérémonie a été soumis à l'approbation de Pie VII – on a préféré au pontifical de Reims le cérémonial de Paris qui évite les prosternations incessantes, les génuflexions et autres postures humiliantes que respectaient les rois capétiens.

Les archaïsmes ont été proscrits, des passages entiers ont fait l'objet d'une simplification drastique mais les *regalia* seront bien présents : les manteaux et les anneaux impériaux, les couronnes, le collier, l'épée, le globe, la main de justice, « verge de la vertu et de la vérité », et le sceptre.

D'interminables palabres ont été nécessaires avant qu'on ne parvienne à un compromis : Napoléon sera sacré par le pape mais il se couronnera lui-même ; il n'y aura que trois onctions au lieu de sept naguère – une sur la tête, les deux autres dans les deux mains – et l'empereur ne communiera pas. On sent que la Révolution est passée par là et le rituel rafistolé en pâtit…

Oui la Révolution est bien passée par là et Napoléon, même sacré et couronné, en est le continuateur. Certes il s'agit, pour l'empereur, d'affirmer solennellement sa légitimité face au futur roi podagre, ce « gros-là qui est le gouvernement » comme on peut le lire dans *Les Misérables*, à savoir le comte de Provence, mais il s'agit aussi d'imposer sa légitimité face à 1789.

Le serment prononcé après la messe est des plus explicites : l'empereur jure de « maintenir l'intégrité du territoire de la République », de respecter et de faire respecter les lois du concordat et la liberté des cultes, il garantit l'irrévocabilité de la possession des biens nationaux, ces anciens biens d'Église, jure de ne lever aucun impôt qu'en vertu de la loi et promet de maintenir la Légion d'honneur. Ce faisant, il rassure la masse énorme des paysans et la coterie plus restreinte des nouveaux notables, il s'érige surtout en rempart des progrès et des acquis de la Révolution.

Il faut noter que le pape, qui s'était transporté à la sacristie pour y déposer les ornements pontificaux, n'a pas entendu cette déclaration où l'empereur ne se tenait plus devant Dieu mais s'adressait plus horizontalement à son peuple…

Les témoins insisteront sur la splendeur de la cérémonie. Elle était destinée à frapper les esprits en signifiant que la Révolution était bel et bien finie et que la France coulait de nouveau dans le lit de sa grande Histoire : à cet égard, le but semble atteint.

L'empereur, sacré, couronné, en possession des *regalia*, s'est hissé au rang qu'il voulait et le pape a été considéré avec un immense respect et une grande déférence ; la musique impériale, note le compte rendu du sacre, a même répété l'antienne *Tu es Petrus*, « à grand chœur et symphonie ».

L'Histoire glorieuse et fastueuse vient de faire son retour à Notre-Dame. On est loin soudain des iconoclastes, des imposteurs, des idéologues et des coupeurs de têtes. Grâce à la beauté du rituel, à la fluidité d'une cérémonie juste et impeccablement conduite, le temps de la concorde et de la réconciliation nationale vient clore, de façon magistrale, le temps des assassins.

Cependant ce sacre-couronnement demeure une cérémonie curieuse, on en mesure difficilement le retentissement, le couple impérial est sans descendance et, comme il s'agissait de bien marquer le commencement d'une nouvelle ère, l'empereur commande très vite au grand maître des cérémonies, Louis-Philippe de Ségur, un procès-verbal de l'événement.

L'histoire n'est pas seulement verbale, elle est aussi – surtout ? – visuelle et picturale, et David restera comme l'illustrateur le plus connu de ce qui s'est produit à Notre-Dame le 2 décembre 1804. Il est cependant étrange que, pour un tableau qui devait s'intituler *Le Sacre de Napoléon*, il ait choisi le moment où, non sans majesté, l'empereur s'apprête à couronner son épouse.

On raconte que lorsque Napoléon découvrit le tableau, plus de trois ans après la cérémonie de Notre-Dame, le 4 janvier 1808, il surmonta sa déception d'une pirouette : « C'est bien, David, vous avez deviné toute ma pensée, vous m'avez fait chevalier français. »

Le tableau de David est intéressant aussi en ce sens qu'on n'y reconnaît pas vraiment l'intérieur de Notre-Dame. En revanche, on voit bien qu'un décor d'inspiration Empire a été dressé qui dissimule l'armature gothique de la vieille cathédrale.

Les architectes qui ont conçu le théâtre du sacre seront de nouveau sollicités pour effacer les dégradations révolutionnaires et également les dégâts occasionnés par la mise en place du décor de décembre 1804. Des stalles ont, en effet, été déplacées, au grand dam de l'archevêque, Mgr de Belloy. En toute logique, l'aménagement nouveau privilégie le marbre et met en valeur les abeilles impériales.

La cathédrale devient le lieu des *Te Deum* et des offices où l'on rend hommage à la personne même de l'empereur. Après l'échec de la conspiration royaliste fomentée par Cadoudal, c'est à Notre-Dame que l'on rend grâce. Mais la cathédrale n'est pas seulement un espace politique, elle redevient aussi un reliquaire et pas n'importe lequel puisqu'elle abrite, dès 1804, les précieuses reliques de Saint Louis.

La couronne d'épines, qui n'y avait fait qu'un bref passage lors de son arrivée à Paris le 19 août 1239, revient à Notre-Dame où elle restera jusqu'au tragique lundi saint d'avril 2019…

À tous ceux que passionne ce grand moment de l'Histoire de France et de Notre-Dame, je conseille un ouvrage tout particulièrement, l'œuvre d'un écrivain aujourd'hui injustement oublié, publié en 1970 chez Gallimard, dans la prestigieuse collection des « Trente journées qui ont fait la France » – et dans laquelle François Mitterrand devait traiter le coup d'État du 2 décembre, ce qu'il ne fit jamais –, *Le Sacre de Napoléon* par José Cabanis.

J'ai dévoré ce livre une nuit d'insomnie, chez Simone Gallimard, place Furstemberg, en août 1987. Je l'ai relu pour les nécessités de ce travail : je le recommande toujours avec le même enthousiasme. C'est un bijou d'élégance littéraire et d'érudition transmise avec une limpide ferveur.

6

Hugo n'est pas seulement romancier, dramaturge et poète : c'est aussi un redoutable polémiste, un veilleur à l'affût, un observateur implacable des errements et des impasses de son temps. Très tôt, dès 1825, il déclare la guerre aux démolisseurs, tous ces édiles soucieux de reconfigurer leurs cités dans le plus total mépris des richesses patrimoniales qu'elles renferment. Étrangement le rétablissement de la monarchie ne s'accompagne pas d'une défense et d'une sauvegarde des splendeurs architecturales, patrie et patrimoine n'entrent pas forcément en dialogue, bien au contraire.

C'est comme si la transcendance s'absentait déjà, le souci du beau, la volonté politique de conserver ce que le pays, jusque dans ses petites villes, possède d'églises, de tours et de châteaux ; à cet égard, un mouvement s'est amorcé que le polémiste pessimiste juge inéluctable.

Pour Hugo, avec la révolution de 1830 et l'arrivée des Orléans aux affaires, la situation a, de toute évidence, empiré. Ainsi il lance sa « Guerre aux démolisseurs » avec ces mots :

> Il faut le dire, et le dire haut, cette démolition de la vieille France, que nous avons dénoncée plusieurs fois sous la Restauration, se continue avec plus d'acharnement et de barbarie que jamais. Depuis la révolution de juillet, avec la démocratie, quelque ignorance a débordé et quelque brutalité aussi. Dans beaucoup d'endroits, le pouvoir local, l'influence municipale, la curatelle communale a passé des gentilshommes qui ne savent pas écrire aux paysans qui ne savent pas lire. On est tombé d'un cran[1].

Le constat est sans appel, il dénonce à la fois la faillite des institutions et l'insuffisance des hommes ; il se situe surtout dans une approche désenchantée de l'Histoire qui semble suivre la pente d'un inexorable déclin.

Pour Hugo, c'est une certaine tradition française qui est menacée : « Chaque jour, écrit-il, nous brisons quelque lettre du vénérable livre de la tradition[2]. »

Le romancier de Notre-Dame s'est documenté et sa démonstration ne manque, hélas, ni d'exemples ni de preuves.

On peut citer ainsi la destruction d'un jubé du XVe siècle à Fécamp, ordonnée par le curé ; le projet de transformer en grenier à foin la magnifique église de Brou ; le grattage sauvage de la belle cathédrale d'Angers ; l'amoindrissement, décidé par un ministre de la Restauration, des sept

1. Victor Hugo, « Guerre aux démolisseurs », in *Revue des Deux Mondes*, 1832, p. 11.
2. *Ibid.*, p. 13.

tours du château de Vincennes et des remparts de Toulouse ; la destruction aux trois quarts, diligentée par le préfet, des ruines de Saint-Bertin à Saint-Omer sous prétexte de donner du travail aux ouvriers…

Hugo emploie un mot très fort : pour lui, c'est bien de vandalisme qu'il s'agit. Les vandales sont dans la place et, comble de la désolation, ce ne sont pas des barbares extérieurs, des ennemis mobiles et menaçants, ils appartiennent à la caste dirigeante, ils sont les agents, infiltrés dans la structure administrative, de ce sac programmé et mis en œuvre au nom du progrès.

Le vandalisme est donc ce ver qui ronge l'État. Il prospère à Paris. « Le vandalisme est architecte. Le vandalisme se carre et se prélasse. Le vandalisme est fêté, applaudi, encouragé, admiré, caressé, protégé, consulté, subventionné, défrayé, naturalisé. Le vandalisme est entrepreneur de travaux pour le compte du gouvernement[1]. »

Là encore la liste des mutilations est longue et le réquisitoire hugolien se fonde sur des exemples précis : le vandalisme est responsable d'avoir « badigeonné Notre-Dame », retouché les tours du Palais de Justice, détruit le cloître des Jacobins, amputé deux flèches sur trois à Saint-Germain-des-Prés, encombré de paperasses la Sainte-Chapelle, « cette église qui sera la plus admirable parure de Paris, quand il aura détruit Notre-Dame[2] ».

À en croire Hugo, Saint-Germain-l'Auxerrois figure en bonne place sur la liste des futures destructions quand la

1. *Ibid.*, p. 23.
2. *Ibid.*, p. 25.

capitale ne sera plus qu'une immense rue macadamisée. C'est drôle mais l'on reverra surgir ce fantasme, avec en prime une probable disparition de Notre-Dame, sous la plume admirable de Jacques Perret dans une nouvelle intitulée *Les Insulaires.*

Ce pamphlet de Hugo est un pur régal. Hugo voit et vise juste, il tire à vue, il désigne les puissants, les courtisans, il met à nu le *système.* Il cible la bourgeoisie bouffie d'orgueil, débordant d'elle-même, les doctes qui distribuent les prix, les mécènes qui chuchotent à l'oreille des princes, les gens en habit brodé, épée au côté, tout cet *État culturel* avant l'heure…

Il s'est informé et la cathédrale semble être une de ses hantises, pas celle de Paris mais celle de Reims qui a fait l'objet de sévères mutilations au moment du sacre de Charles X : le mauvais état de certaines sculptures faisait craindre, en effet, que des pierres ne tombassent sur le roi et sa suite… Là aussi, le vandalisme a agi, mais manifestement de manière plus grave encore que pour le sacre de Napoléon à Notre-Dame : « Sans pitié, et à grands coups de maillet, et trois grands mois durant, il ébarba la vieille église[1] ! »

Et le pamphlétaire, collectionneur féru d'antiquités, d'avouer qu'il possède « un débris curieux de cette exécution »…

La force de ce texte de Hugo tient aussi au fait qu'il ne s'enferme jamais dans la seule déploration : il ne se

1. *Ibid.*, p. 26.

contente pas d'être un réceptacle de larmes et de fiel, il se projette, il dessine les contours de l'avenir.

Ces lignes conclusives sont, d'ailleurs, prophétiques et se suffisent à elles-mêmes :

> Faites réparer ces beaux et ces graves édifices. Faites-les réparer avec soin, avec intelligence, avec sobriété. [...] Surtout que l'architecte restaurateur soit frugal de ses propres imaginations ; qu'il étudie curieusement le caractère de chaque édifice, selon chaque siècle et chaque climat. Qu'il se pénètre de la ligne générale et de la ligne particulière du monument qu'on lui met entre les mains ; et qu'il sache habilement souder son génie au génie de l'architecte ancien[1].

1. *Ibid.*, p. 36-37.

7

Publiée en 1856, après plus de dix années de travaux dans la cathédrale et dédiée à Mgr Sibour, archevêque de Paris, la *Description de Notre-Dame* rédigée par Eugène Viollet-le-Duc et Ferdinand de Guilhermy préfigure la *Description de San Marco* que donnera Butor en 1963, mais ses auteurs ne sont pas des néoromanciers, simplement des architectes férus de patrimoine et de restauration.

Le plus connu d'entre eux, Viollet-le-Duc, a commencé sa carrière à vingt-six ans en entreprenant, à la demande de Mérimée, le relèvement de la basilique de la Madeleine à Vézelay. Il œuvrera aussi à la restauration de la cathédrale d'Amiens, du château de Pierrefonds et de la vieille cité de Carcassonne mais son chantier le plus célèbre demeure Notre-Dame.

Dès qu'on cite le nom de cet inspecteur général des monuments diocésains, on l'associe d'emblée à la cathédrale de Paris et à ses travaux qui ne se limitèrent pas à la seule conservation parce qu'ils furent aussi marqués par des audaces et des innovations qui restent la marque de fabrique de l'architecte.

C'est en 1842 que les deux hommes remportent le concours lancé par le ministre de la Justice et des Cultes. Le roman de Hugo est paru onze ans plus tôt et l'on sait qu'il a réveillé une sensibilité gothique et ravivé tout un imaginaire. On connaît également l'état d'immense délabrement dans lequel se trouve le monument.

Une fois désignés, après avoir visité et ausculté le bâtiment, les architectes présentent au ministre leur feuille de route. Une évidente prudence préside à leurs premiers constats et elle fait écho aux réflexions de Hugo dans sa diatribe contre les démolisseurs. Ils indiquent ainsi qu'« une restauration peut être plus désastreuse pour un monument que les ravages des siècles et les fureurs populaires ! car le temps et les révolutions détruisent, mais n'ajoutent rien[1] ».

Ils insistent en affirmant nettement qu'il ne s'agit pas de faire de l'art « mais seulement de se soumettre à l'art d'une époque qui n'est plus[2] ». Ils annoncent également être hostiles à l'utilisation de matériaux nouveaux – fonte, ciment, mastic – utilisés dans le cadre d'autres chantiers mais absolument étrangers à la construction primitive.

Pour eux, l'église initiale, bâtie sous l'épiscopat de Maurice de Sully, constitue « le noyau de la cathédrale de Paris » ; c'est à ce premier sanctuaire roman, et aux conditions mêmes de son édification, qu'il faut revenir, lequel, contrairement à une légende coriace, et bien qu'il fût entouré d'eaux, n'a jamais été bâti sur des pilotis…

1. Eugène Viollet-le-Duc, Ferdinand de Guilhermy, *Description de Notre-Dame, cathédrale de Paris,* suivi de *Projet de restauration de Notre-Dame de Paris,* Parenthèses, 2019, p. 147.

2. *Ibid.*, p. 148.

L'inventaire architectural du bâtiment est d'une minutie et d'une précision remarquables. Rien n'est laissé au hasard, tout est identifié, calibré, quantifié et, cependant, il émane de ces pages une certaine poésie – celle des autopsies et des constats si présents chez les romanciers des années 1960 qui entendaient éliminer le « cœur romantique des choses »…

*

C'est à un véritable voyage à l'intérieur de Notre-Dame que nous invite la *Description* de Viollet-le-Duc.

L'architecte commence par rappeler une évidence souvent négligée : la cathédrale n'est pas le lieu de la puissance et la propriété de l'aristocratie. Si l'on y regarde de près, au bas des verrières, sur les soubassements des statues, on voit « les armoiries du peuple et les emblèmes des corps de métiers », boulangers, bouchers, marchands de draps, fourreurs, vendeurs d'épices qui tous, comme leurs collègues d'Amiens, de Reims ou de Bourges, se sont montrés généreux en enrichissant de leurs dons et offrandes la cathédrale, laquelle « était le grand monument populaire du Moyen Âge, le monument de tous, auquel chacun avait apporté sa pierre, et qui appartenait en réalité à tout le monde [1] ».

La visite peut alors démarrer, du parvis – dont Viollet-le-Duc rappelle l'étymon : *Paradisus* – où se trouvait une fontaine, en souvenir de celle qui, au centre du Paradis, alimente les quatre fleuves mythiques : le Pishon, le Gihon,

1. *Ibid.*, p. 19.

le Tigre et l'Euphrate. Après avoir donné, en pieds, les dimensions de l'édifice, Viollet-le-Duc livre un inventaire aussi détaillé que savoureux, qui permet d'apprécier l'ampleur et la richesse de l'édifice.

On dénombre ainsi cinq nefs, trente-sept chapelles affectées au culte ou tenant lieu de passages, trois roses de quarante pieds de diamètre chacune, cent treize fenêtres, soixante-quinze colonnes ou piliers libres, cent huit colonnes aux baies de la tribune.

Ce n'est pas tout et l'abondance des éléments architecturaux fait vaciller la foi de l'arpenteur : « Les contreforts, relève ainsi l'architecte, les clochetons, les gargouilles historiées, les pinacles, les colonnettes monostyles groupées en faisceaux dans les galeries, dans les fenêtres, dans l'intérieur des tours, aux retombées des arcs, les balustrades à jour, les pignons feuillagés, les corniches chargées de végétations, les consoles en figures d'hommes et d'animaux, sont en quantité vraiment innombrable[1]. »

Le métreur se fait ici poète, une verve hugolienne s'empare de sa plume quand il s'agit de dire la richesse, la variété infinie du bâtiment, cette profusion écrasante censée susciter une « terreur religieuse » chez ceux qui s'aventurent dans la cathédrale.

Qu'on se rassure : nous n'allons pas suivre le guide restaurateur dans la multitude de ses observations et de ses constats. Certains points méritent simplement qu'on les relève parce qu'ils font écho à des réflexions qui jalonnent les pages précédentes de ce livre.

1. *Ibid.*, p. 22-23.

Évoquant la galerie des rois, Viollet-le-Duc rappelle les termes de la controverse : rois de France ou ancêtres de la Vierge et du Christ ? La réponse a le mérite de la clarté : « Nous avons la conviction, et jusqu'ici toutes les découvertes des noms véritables ou des attributs d'effigies du même genre nous donnent raison, que les rois sculptés en longues séries dans nos cathédrales sont des patriarches, des chefs du peuple de Dieu ou des rois de Juda composant le cortège généalogique du Sauveur. » Et de conclure, avec prudence toutefois : « Nous inclinons pour les rois de Juda, tout en reconnaissant qu'il peut exister ici quelque doute[1]. » Les pauvres rois aux têtes brisées et miraculeusement retrouvées au siècle dernier, mais bien trop tard pour que Viollet-le-Duc pût les relever…

La visite se poursuit, impeccable, méthodique, exhaustive : c'est peu dire que l'inspecteur général domine son sujet ! J'avoue céder toutefois au charme de cet inventaire qui, à mes yeux, ne souffre à aucun moment de l'aridité pompeuse et pédante de certains traités d'architecture : Viollet-le-Duc n'a jamais l'arrogance docte des cuistres et il émaille sa *Description* de détails propres à enflammer l'imagination ou à susciter la rêverie.

On retrouve ainsi avec joie la fameuse porte Rouge présente dans le roman de Hugo, celle qu'empruntaient les chanoines en arrivant du cloître, de la sorte dénommée parce que ses vantaux avaient la couleur du sang.

C'est tout près de cette porte flamboyante que se trouvait le grand puits du cloître et l'on entendrait presque

1. *Ibid.*, p. 68.

jaillir l'eau purificatrice de la terre humide de ce *locus amoenus*…

La pierre et le bois : Viollet-le-Duc ne peut pas ne pas rappeler cette évidence fondatrice. La pierre, le bois mais aussi le plomb, et Dieu sait s'il en sera beaucoup question au printemps 2019.

L'édifice est construit en belles pierres de taille en provenance de carrières de l'immédiate proximité de Paris ; la charpente est une véritable *forêt*, de chêne et non de châtaignier comme on l'a un temps pensé. Recouvre cette « forêt » une couverture, composée de mille deux cent trente-six tables de plomb, dont on évalue le poids à quatre cent vingt mille deux cent quarante livres…

L'architecte, au moment où il considère la toiture, rappelle l'existence de la flèche qui menaçait ruine en 1792 et, peu de temps après, fut détruite.

Non sans fierté, Viollet-le-Duc proclame l'avoir complètement restaurée, « avec toutes ses statues remises en place[1] » mais il n'avoue pas s'être fait représenter parmi les apôtres, sous les traits du Didyme et selon une tradition ancestrale, propre aux bâtisseurs de cathédrales, qui y laissaient ainsi l'empreinte de leur signature…

C'est un constat que l'on a souvent fait et que Viollet-le-Duc renouvelle ici lorsqu'il aborde la question essentielle du chœur et de sa décoration : « La cathédrale attend, depuis cinquante années, le rétablissement de ses autels et la réparation de ses chapelles. Il n'existe peut-être dans aucun des diocèses de France une église épiscopale dont

1. *Ibid.*, p. 95.

la décoration intérieure soit aussi peu en rapport avec la dignité de son caractère[1]. »

Certes, il subsiste une partie de la décoration installée sous Louis XIV, mais au milieu du XIXe siècle, les deux rois offrant à la Vierge leur couronne et leur sceptre – ils furent, redisons-le, admirablement sculptés par Nicolas Coustou, son frère Guillaume et Coysevox – se trouvent encore au département de sculpture moderne du musée du Louvre.

Quant à l'autel, édifié en 1802, au moment de la reprise du culte, il est décoré d'un Christ au tombeau, en cuivre doré, venu de l'ancienne église des Capucines de la place Vendôme, et d'une croix et de six chandeliers qui, avant la Révolution, appartenaient au trésor de la cathédrale d'Arras…

Oui, le chœur de Notre-Dame n'a pas de mobilier liturgique à sa mesure mais Viollet-le-Duc, qui a le souci de la liturgie et des fastes impériaux, va s'en charger. Ainsi, il connaît parfaitement l'étymologie du mot « cathédrale » – son *Dictionnaire* en témoigne – et il fait installer une cathèdre inspirée du siège épiscopal de Bayeux.

Il commande à Placide Poussielgue-Rusand dix sièges pour les célébrants, en bronze doré et velours rouge. Ce n'est pas tout : il pense encore aux candélabres de l'autel, à la chaire, aux fonts baptismaux et même aux lanternes de procession.

Il n'est pas enfermé dans le « matérialisme archéologique » que dénoncera Huysmans : le mobilier liturgique, le luminaire, l'orfèvrerie se situent au premier rang de ses

1. *Ibid.*, p. 110.

préoccupations. C'est ainsi qu'il demande à l'orfèvre et bronzier Poussielgue-Rusand de confectionner un grand reliquaire en bronze et argent doré pour la couronne d'épines.

Quatre cents pierres précieuses, diamants et émeraudes, garnissent l'écrin qui a, lui-même, la forme d'une couronne. Soucieux d'exactitude historique, l'architecte a également demandé que fussent représentés sainte Hélène qui fit l'acquisition de la relique, Baudouin II qui la vendit à Saint Louis, et bien évidemment le saint roi. Il ne fallut pas moins de deux ans pour réaliser cette merveille aujourd'hui conservée au trésor.

Dans les années 1960, la réforme consécutive au concile Vatican II verra, sous les épiscopats des cardinaux Veuillot et Marty, l'installation d'une longue table provisoire, à la croisée du transept : c'est là que l'archevêque de Paris célébra la messe de requiem du jeudi 12 novembre 1970, à la mémoire du général de Gaulle.

À la fin des années 1980, le cardinal Lustiger commandera à Jean Touret et à son fils – il avait déjà fait travailler le père, de manière plus heureuse peut-être, à Sainte-Jeanne-de-Chantal lorsqu'il en était le curé – une cathèdre de bois et un autel en cuivre repoussé, très austère et conforme au bloc rugueux et sacrificiel de l'Ancienne Alliance, et qui finira, le 15 avril 2019, écrasé par la chute des pierres de la voûte…

On attend désormais avec impatience la mise en place du nouveau mobilier, en bronze, et d'une « noble simplicité », pour reprendre les mots du concile cités par Mgr Ulrich, qui a retenu, le 23 juin 2023, le projet du designer Guillaume Bardet parmi les cinq qui lui étaient proposés[1].

Impensable d'achever cette visite sans parler de la crypte creusée sous le chœur, en 1711, pour servir de sépulture commune aux archevêques.

Au moment où Viollet-le-Duc écrit sa *Description*, reposent, dans ce caveau incommode et sur le point d'être agrandi, Mgr de Juigné, le cardinal de Belloy, le cardinal de Talleyrand-Périgord, Mgr Affre et Mgr de Quélen. De nombreux autres les suivront et, parmi les noms des archevêques du XXe siècle cités dans les lignes qui précèdent, un seul – le cardinal François Marty, lui aussi d'une noble simplicité – a préféré la sûreté et la sécheresse de son Aveyron natal à cette éternité humide dans les sables et les graviers de la Seine…

Viollet-le-Duc ne manque, d'ailleurs, pas de rappeler que c'est en creusant le caveau sépulcral que l'on a retrouvé les antiques autels des Nautes parisiens, à savoir des blocs de pierre sculptés qui faisaient partie d'un pilier dédié à Jupiter sous le règne de Tibère, c'est-à-dire entre les années 14 et 37 apr. J.-C.

1. Comme on pouvait hélas s'y attendre, le choix de l'archevêque de Paris a immédiatement fait des vagues. Parmi les réactions défavorables émanant des milieux conservateurs, celle-ci était puissamment relayée sur les réseaux sociaux le 24 juin 2023 : « Le jour où l'on comprendra dans l'Église de France que la beauté mène à Dieu, je pense que le Christ sera revenu ! Le nouveau mobilier liturgique de Notre-Dame de Paris est à pleurer… Et après on s'étonne que les jeunes partent chez ceux que l'on appelle les "tradis"… il ne faut pas s'en étonner… » D'autres accusaient le designer d'avoir recyclé un modèle déjà utilisé pour une table de salon…

L'inscription découverte se présentait ainsi :

TIB. CAESARE
'AVG IOVI OPTVM
MIXSVMO PARISIACI
PUBLICE POSIERV
NT

Ce qui signifie : « Sous Tibère-César Auguste, les bateliers parisiens ont publiquement élevé [ce monument] à Jupiter, très bon, très grand[1]. »

Il est beau de penser que les archevêques, ces pasteurs désormais plongés dans les sédiments de la vieille cité insulaire, reposent dans l'ancien temple des *Nautae Parisiaci*, la crypte enfouie des bateliers, nichée dans les pierrailles et les alluvions de la Seine. Et, à présent, les pasteurs se confondent avec les bateliers dans une même confrérie : celle des passeurs…

1. Jacques Hillairet, *L'Île de la Cité*, Éditions de Minuit, 1969, p. 18.

8

Notre-Dame de Paris n'a pas seulement partie liée avec l'architecture même si, au XIXe siècle, elle devient d'une certaine manière la cathédrale de Viollet-le-Duc qui, redisons-le, y laisse son visage sous les traits de saint Thomas, le patron des architectes, l'homme de la science, de la vérification et de l'auscultation costale…

Elle a aussi, et peut-être symboliquement, partie liée avec la littérature, même si les écrivains n'ont pas le pouvoir de relever les pierres.

Inutile de revenir sur le rôle éminent de Hugo qui, par sa lutte contre les démolisseurs et son goût du patrimoine gothique, rend à la cathédrale dégradée ses lettres de noblesse.

À sa façon, Huysmans porte un regard singulier sur la cathédrale, il est essentiellement *à rebours*, à contre-courant sûrement du mouvement de conservation archéologique et patrimoniale. Et je dois reconnaître qu'il m'amuse par son penchant un peu délirant à décrypter les signes même si, évidemment, cette dimension ésotérique était consubstantielle au projet des bâtisseurs initiaux.

Il pourfend l'ignorance des architectes et des curés, les met tous dans le même sac : pour lui, la cathédrale est un ensemble, une synthèse, elle embrasse tout parce que c'est une bible, un catéchisme, un cours d'histoire…

La perception mythique demeure donc pour lui capitale, c'est elle qui livre le mystère du monument, à un moment où la symbolique est « reléguée dans les rencarts » et où triomphe « le matérialisme archéologique dans ce qu'il a de plus bas[1] ».

Deux exemples de cette lecture symbolique poussée à outrance :

Pour Huysmans, il ne fait pas de doute que l'axe du chœur, comme à Quimper, incline légèrement sur la gauche. Selon lui aussi, l'explicitation de cette réalité ne souffre pas le moindre doute : c'est une allusion à la posture du Christ expirant sur la croix, c'est « la traduction, en langue architecturale, du passage de l'Évangile selon saint Jean : "*Et inclinato capite, tradidit spiritum*[2]" ».

Autre exemple : le portail de sainte Anne et de saint Marcel, cher au cœur des alchimistes. On y voit un évêque mitré et crossé foulant aux pieds un dragon surgi d'une chapelle funéraire où une femme morte est assise dans un linceul enveloppé de flammes…

Si l'on en croit la version de l'Église, cette statue est celle de saint Marcel, neuvième évêque de Paris, connu pour avoir neutralisé le démon en le frappant de sa crosse et en lui entourant le cou de son étole : scène fondatrice et fréquente s'il en est ! Huysmans précise que, jusqu'en 1730,

1. J.-K. Huysmans, *Trois églises et trois primitifs*, *op. cit.*, p. 19.
2. *Ibid.*, p. 18.

aux processions des Rogations, le clergé de Notre-Dame, en souvenir de ce miracle, promenait un grand dragon d'osier et le bon peuple jetait des gâteaux et des fruits dans la gueule du monstre grande ouverte.

L'auteur d'*À rebours* semble préférer la lecture occultiste : pour lui, le monstre n'est rien d'autre que « le dragon babylonien dont parle Nicolas Flamel, autrement dit, le mercure philosophal, le lion vert, le lait de la Vierge, la substance même qui change par une projection le plomb en or[1] ».

On est déjà dans le laboratoire du Zénon de *L'Œuvre au noir* ! Il y a bien une dimension secrète ici et la cathédrale, comme le Christ s'exprimant par le biais de paraboles, « est mystérieuse, plus experte peut-être mais moins pure, car elle est à la fois catholique et occulte et elle greffe sur la symbolique chrétienne les réceptes de la Kabbale[2] ». À en croire Huysmans, des secrets sont cachés sous le voile des Écritures et de l'histoire sainte : tout est donc affaire de contemplation active et de perpétuel déchiffrement des signes…

*

Il a beau être un lecteur admiratif de Huysmans et de Rimbaud, le jeune homme qui entre à Notre-Dame le 25 décembre 1886 a tout du paysan enraciné, c'est un fils de la terre, solide sur sa base, mais si la terre est un carré de choux, elle ne lui suffira pas, c'est la houle déjà, le mouvement, l'amplitude cosmique qu'il lui faut.

1. *Ibid.*, p. 34.
2. *Ibid.*, p. 36.

Rimbaud – il le dira – a eu sur lui une influence séminale et la lecture d'*Illuminations* lui a donné la révélation du surnaturel. L'*homme aux semelles de vent* est comme un frère pour le visiteur de Notre-Dame, né dans une famille renfermée, d'un orgueil farouche, hargneux.

Il a commencé à écrire et il recherche dans la liturgie de l'Église catholique un « excitant », un ferment susceptible de lui donner l'inspiration. C'est dire qu'il est loin d'adhérer au mystère de Noël et qu'il assiste même à la grand-messe comme un spectateur dilettante et extérieur.

Chose étrange : voici qu'il lui vient l'envie de revenir pour les vêpres. Le chœur est tout illuminé, le lin et l'or resplendissent sur l'immense tapis qui se déploie du maître-autel jusqu'à la sainte table. Les enfants de la maîtrise, habillés de blanc, et les élèves du petit séminaire de Saint-Nicolas-du-Chardonnet qui les assistent, chantent un chant à la Vierge.

Notre homme ne connaît pas le *Magnificat.* Il se trouve dans la foule, près du second pilier à l'entrée du chœur, à droite, du côté de la sacristie. La cathédrale chavire dans l'obscurité, malgré les cierges et les lampes qui brûlent. On est, en effet, au plus noir des journées de l'hiver ; les ténèbres ont envahi le déambulatoire, les chapelles sinistres, comme tapissées de suie…

Et voici que la foudre perce la nuit, Dieu s'invite dans le cœur du jeune homme tourmenté.

Le futur, et grand, poète, livrera de cette expérience un témoignage bouleversant et admirable : « […] c'est alors que se produisit l'événement qui domine toute ma vie. En un instant mon cœur fut touché et je *crus.* Je crus, d'une telle force d'adhésion, d'un tel soulèvement de tout mon cœur, d'une conviction si puissante, d'une telle certitude ne laissant place à aucune espèce de doute, que, depuis, tous les livres, tous les raisonnements, tous les hasards d'une vie agitée, n'ont pu ébranler ma foi, ni, à vrai dire, la toucher. J'avais eu tout à coup le sentiment déchirant de l'innocence, l'éternelle enfance de Dieu, une révélation ineffable. »

Ces lignes ont une fulgurance toute rimbaldienne, mais elles ouvrent tout sauf les voies d'une saison infernale. Le jeune Claudel se sent appelé, aimé ; des larmes coulent sur ses joues et l'*Adeste fideles* que la maîtrise entonne à présent ajoute à son émotion.

Bientôt il sera temps de retrouver les chaussées de Paris pluvieuses et grises, « les longues rues amères autrefois »... Il sera temps de remonter « cette longue rue qui descend vers Notre-Dame[1] » et dont la destination lumineuse a tout changé.

Claudel, malgré la révélation foudroyante, sait qu'un véritable combat spirituel l'attend.

Les prêtres, les clercs, les fariboles et les niaiseries de la religion catholique, les cagots et les bigots, les experts en langue de buis, les Tartufe et autres dispensateurs de jus pieux, tout cela le dégoûte. Mais le vigoureux Paul se sent vivant dans la nuit abominable, il « lève [ses] mains dans le désespoir, il lève [ses] mains dans la transe et le transport de l'espérance sauvage et sourde ». Et il dit :

1. Paul Claudel, « Magnificat », in *Cinq grandes odes*, Gallimard, 1936, p. 71.

Qui ne croit plus en Dieu, il ne croit plus en l'Être, et qui hait l'Être, il hait sa propre existence.

Seigneur, je vous ai trouvé.

[...]

Seigneur, vous ne m'avez pas mis à part comme une fleur de serre,

Comme le moine noir sous la coule et le capuchon qui fleurit chaque matin pour la messe au soleil levant.

Mais vous m'avez planté au plus épais de la terre.

Comme le sec et tenace chiendent invincible qui traverse l'antique lœss et les couches de sable superposées.

Seigneur, vous avez mis en moi un germe non point de mort, mais de lumière [1].

La Vierge du pilier est à l'origine de ce miracle.

Cette statue au sourire si grave était placée autrefois dans la chapelle Saint-Aignan du cloître Notre-Dame. C'est Viollet-le-Duc qui a pris la décision de l'installer là, à droite du chœur, et donc de la faire entrer dans la cathédrale puisque, depuis 1818, elle se trouvait sur le pilier-trumeau du portail de la Vierge, la statue initiale ayant été saccagée en 1793...

Au milieu de ce peuple qui vocifère, dans les rugissements d'orgue et les fumerolles d'encens, ce n'est plus au pied d'une statue que se tient le jeune Claudel, en ce soir de Noël 1886, mais bien plus aux pieds d'une dame, une femme incarnée qui a eu l'initiative de la rencontre, un peu comme avec la glaneuse de bois de Lourdes, « Notre-Dame, la Femme-église, à grands cris, pleine de Dieu, érigeant Son propre *Magnificat* [2] ».

1. *Ibid.*, p. 83.

2. Paul Claudel, « Le 25 décembre 1886 », in *Visages radieux, Œuvre poétique*, Gallimard, « Bibliothèque de la Pléiade », 1967, p. 805.

Le 3 mars 1955, les obsèques de Claudel, décédé une semaine plus tôt, sont célébrées à Notre-Dame. Les images d'époque montrent le haut et impressionnant catafalque dressé sur le parvis et entouré de couronnes mortuaires et de gardes républicains. Dans la pompe et une certaine grandiloquence, on assiste au sacre post mortem du *grand écrivain.*

Des tribunes, comme pour le défilé du 14 Juillet, ont été installées et, parmi les personnalités assises, on reconnaît André François-Poncet, haut-commissaire de France en Allemagne, le ministre de la Santé publique et de la Population, Bernard Lafay, le président de l'Assemblée nationale, Pierre Schneiter, Robert Schuman, ministre de la Justice, Pierre Pflimlin, ministre des Finances et des Affaires économiques.

Les membres de l'Académie française sont également présents – au premier rang desquels le maréchal Juin et Marcel Pagnol –, le corps diplomatique évidemment aussi.

Dans une autre tribune se tient la veuve de l'écrivain, en grand deuil et accompagnée de ses deux fils, et de ses quatorze petits-enfants. L'hommage de l'État est rendu par le ministre de l'Éducation nationale, Jean Berthoin. Dans le public, nombreux, derrière des barrières de bois, on aperçoit Jean-Louis Barrault et Madeleine Renaud, immenses admirateurs et promoteurs de l'œuvre dramatique du défunt…

Ce sont les funérailles solennelles d'un héros national. En son temps, Victor Hugo avait eu droit à l'Arc de triomphe et au Panthéon, mais, oubli fâcheux, le cortège funèbre n'était même pas passé près de Notre-

Dame. Avant d'être déposé, pour l'éternité, dans le parc du château de Brangues, le cercueil de l'écrivain catholique a eu, lui, les honneurs de la cathédrale et de son clergé.

La scène se répète quinze ans plus tard – sans, cette fois, la séquence du parvis – pour Mauriac, le 5 septembre 1970. Jean-Jacques Servan-Schreiber, le fondateur de *L'Express,* auquel l'auteur de *Thérèse Desqueyroux* confiait son *Bloc-notes,* jamais à une provocation près, aurait souhaité, pour l'écrivain bordelais, des funérailles identiques à celles de Victor Hugo. Mais, comme pour Claudel, le pouvoir préfère la formule, plus sobre, d'un « hommage national ». Dans son testament, s'en estimant indigne, Mauriac a demandé que les honneurs militaires ne lui soient pas rendus : il n'en sera tenu aucun compte !

Le cercueil est posé sur un catafalque moins haut, drapé de velours violet, et le grand cordon de la Légion d'honneur et le costume d'académicien, avec l'épée, sont bien visibles. Cette fois, le président de la République, accompagné de son épouse, est présent. Mme Pompidou est placée derrière son mari et n'a pas droit, elle, à une estrade. En avant et à l'écart de tous, Georges Pompidou se tient non loin de la Vierge du pilier, sur un fauteuil pourpre, digne de sa fonction, et assorti d'un prie-Dieu, là même où il s'assoira de nouveau le 12 novembre, pour l'hommage au général de Gaulle dont cette cérémonie est comme la répétition…

La messe est présidée par le cardinal Marty, au trône et en habit de chœur – il donnera l'absoute et encensera la dépouille – mais c'est son auxiliaire, Mgr Pézeril, qui célèbre l'office et prononce l'homélie. À cette occasion, il ne manque pas de saluer « un des derniers représentants d'une génération envers laquelle la dette de l'Église est immense ».

Pareille célébration, pareil hommage surtout paraissent impensables aujourd'hui…

*

Patrick Grainville ne vivra pas l'expérience claudélienne du Pilier mais, dans son roman *Les Anges et les faucons*, paru en 1994, il célèbre Notre-Dame, « Notre-Dame d'Hugo et de Quasimodo », « la grande église caverneuse, voilée, fissurée de ténèbres ». Il égratigne, au passage, Viollet-le-Duc, qu'il accuse d'avoir à ce point retapé Notre-Dame qu'il en a fait une « cathédrale postiche », et Malraux, le « ministre mégalo et convulsif en diable » auquel il en veut d'avoir, par sa campagne de blanchissement et de toilettage de l'édifice, « lessivé son mystère qui couvait sous la crasse des âges, leurs sédiments hantés ».

Dans des lignes savoureuses, le pauvre ministre d'État chargé des Affaires culturelles – et surtout pas ministre de la Culture, incongruité qui surviendra sous Giscard – est même soupçonné, en étrillant Notre-Dame, d'avoir « attenté à son aura secrète et déréglé ce magnétisme lié au vieillissement des pierres sacrées[1] ».

Mais ce très beau roman autobiographique connaît son acmé avec l'évocation de la Vierge du pilier, célébrée dans le cadre de ce qui s'apparente à un véritable poème en prose, que je ne résiste pas au plaisir de citer en

1. P. Grainville, *Les Anges et les faucons*, *op. cit.*, p. 50.

entier, tant il mérite de figurer parmi les morceaux d'anthologie consacrés à la statue de la gracile et si juvénile Madone :

> Quelque part, très loin de nous, avec ses anges, ses faucons et ses loirs, ses vitraux éblouis, ses rosaces fleuries dans la nef déserte où règne seule la Vierge du XIVe siècle, celle du chœur, celle qui donne son nom au sanctuaire, la très fine, l'intime, la botticellienne, si peu gothique, toute de grâce, frêle fiancée, comme ravie par le pirate Hugo hurlant dans ses tours, bombant son râble et ses arcs-boutants. Le père terrible et rieur, grand rapace de Marie. Madone fléchie de biais, si juvénile dans sa chair rose, son visage puéril. Elle entend le boucan tout autour, au-delà des murs. Elle écoute le grondement qui cogne et les roulis. Elle sourit, timide dans son voile qui traverse le halo des cierges tandis que les hautes tours font face aux razzias de l'orage qu'elles repoussent, altières, tenaces, bigarrées d'éclairs, éclaboussées[1].

*

Le poète belge William Cliff a, lui aussi, tout à fait sa place dans ce florilège parce qu'il capte, dans des mots très simples, l'essentiel de la beauté et du mystère de Notre-Dame. Son poème intitulé « Notre-Dame », écrit à l'automne de 1996, ne comporte pas moins d'une quinzaine de strophes, toutes sensibles, justes et puissantes, et nous n'en retiendrons que trois :

1. *Ibid.*, p. 200-201.

Notre-Dame est massivement assise
sur son île avec l'air de déclarer :
« Je sais, la chrétienté n'est plus de mise
aujourd'hui mais mon grand corps restauré
sait attirer quelques gens égarés
qui viennent s'étonner de mes merveilles. »
Ô Notre-Dame, ô belle caravelle,
j'aime le soir venir voir tes grands rois
si nobles qui m'épient et me surveillent
pendant que j'erre dans le désarroi.
[...]
Dame de pierre épaisse et bien sculptée
Dame de verre aux tournantes couleurs,
Dame ornée d'anges hauts de cent coudées
battant de l'aile avec ampleur,
Dame latente et silencieuse à l'heure
Où le peuple est vaincu par la fatigue
ô beau navire qui toujours navigue
sans quitter le côté de la Cité,
prends ce panier de dattes et de figues,
ces pauvres vers que je t'ai apportés.
[...]
Quand je suis seul devant ta grande châsse,
devant tes rois, tes rosaces, tes tours,
je me rappelle alors ce qui dépasse
l'entendement de mes nuits et mes jours,
alors je fais lentement tout le tour
de tes arcs, de tes piliers, tes ogives,
et reprenant le chemin d'où j'arrive,
je rentre en bénissant ton beau vaisseau

qui m'a rempli d'une vie excessive,
celle qui chante au fond de tes arceaux[1].

*

Le nom de la cathédrale de Paris apparaît aussi dans le titre d'un beau recueil de nouvelles, *Les Tours de Notre-Dame* que publie Henri Thomas dans la collection « Blanche » de la NRF en mars 1977. La nouvelle éponyme, la première du recueil, relate un fait divers tragique.

Comme la tour Eiffel, Notre-Dame attire les désespérés. Ainsi, le 31 mars 1925, un modeste employé d'assurances, âgé de quarante ans, un certain Marcel Libois, s'était jeté dans le vide, du haut de la tour nord. La presse de l'époque rapporte que son corps « virevolta en l'air comme un mannequin, et vint s'écraser sur l'asphalte ».

Henri Thomas s'est-il souvenu de ce fait divers ou a-t-il eu connaissance de suicides plus récents ? La cathédrale n'a soudain plus partie liée avec la poésie, elle entre dans le champ de la prose, une prose précise, froide, factuelle, loin de tout lyrisme, de toute exaltation.

Dans le récit d'Henri Thomas, un jour d'août caniculaire, une jeune fille, que le narrateur vient de voir, dans une pharmacie du boulevard Saint-Michel, non loin de la Seine, acheter comme lui une drogue contre l'angoisse, erre dans l'île de la Cité, perdue, hagarde. Elle retient un instant l'attention du narrateur qui entre dans un café boire un quart Vichy et avaler ses deux comprimés. Il veut

1. William Cliff, *Le Temps*, suivi de *Notre-Dame*, Éditions de la Table ronde, 2020, p. 115-122.

apaiser sa peur. Telle n'est pas l'intention de la jeune inconnue qui, elle, ne souhaite pas dissiper l'angoisse mais en finir…

On imagine aisément la suite :

> Le peu que j'ai vu, c'est une ombre dans le soleil ; il était encore haut à cette heure et je marchais face à lui, ayant traversé le square Jean-XXIII et suivant la rue du Cloître. Je ne suis jamais arrivé à l'angle de la tour, car la police a presque aussitôt barré la rue à cette extrémité. Je suis resté un certain temps le nez en l'air, à me demander ce que j'avais vu ; quelque chose était tombé du ciel entre le soleil et moi, mais il ne m'est pas venu à l'idée que ce pouvait être un corps humain ; j'ai vaguement pensé à un gros oiseau que je croyais voir voleter dans la lumière [1].

Dans sa chute, l'ombre grise, à peine entrevue, va percuter et tuer une jeune touriste américaine, une certaine Cecily, venue de Minneapolis, qui photographiait tranquillement le monument… Ironie du sort, Notre-Dame figurait à la première place du programme de ce groupe de touristes. Et voici que souffle soudain sur la cathédrale « le vent invisible qui passe tout le temps sur le monde mais ne nous touche pas d'habitude [2] ».

*

Notre-Dame n'est pas seulement un *objet littéraire*, elle est aussi le lieu de l'incarnation, de l'éclosion et du surgisse-

1. H. Thomas, *Les Tours de Notre-Dame*, *op. cit.*, p. 22-23.
2. *Ibid.*, p. 22.

ment du verbe. En effet, sa nef offre un espace magnifique où retentit la voix, pas seulement le chant, mais la parole, lue ou proclamée, proférée pour l'instruction ou l'édification de ceux qui l'entendent et la reçoivent.

On pense évidemment à tous les prédicateurs et à tous les conférenciers qui s'y sont exprimés au cours des siècles. Un de ceux qui s'imposent dans cette succession prestigieuse, c'est Henri Lacordaire, connu pour sa maîtrise de l'art oratoire et l'excellence et la hauteur de ses méditations.

Dès 1834, à l'invitation de Frédéric Ozanam, l'abbé Lacordaire a donné des conférences au collège Stanislas à Paris et, évoquant avec fougue le thème de la liberté, il a enflammé son auditoire, un peu trop sans doute, puisque ses interventions devant un public d'élèves, qu'il ne faut pas corrompre, seront vite suspendues.

L'archevêque de Paris, Mgr de Quélen, se montre, lui, plus ouvert et n'hésite pas à apporter son soutien à Lacordaire ; il l'invite même, l'année suivante, à prêcher dans sa cathédrale, dans le cadre des Conférences de Notre-Dame, elles aussi fondées à la demande d'Ozanam et qui ont pour vocation d'initier la jeunesse à la religion chrétienne. La première des conférences de Lacordaire a lieu le 8 mars 1835. Le succès est immédiat et il poursuivra l'expérience l'année suivante.

Lacordaire renouvelle en profondeur le genre de la prédication qui ne s'enferme plus dans le seul cadre de la réflexion catéchétique. Il sait parler, il le fait avec brio et même une certaine exaltation, il embrasse un vaste champ où se mêlent enseignement religieux, philosophie et littérature. Avec lui, de la chaire de Notre-Dame, l'éloquence sacrée trouve un nouvel élan.

1835

Ils sont vraiment émouvants ces deux portraits croqués par Claudius Lavergne[1], à l'occasion d'une des conférences de 1835 : d'un côté, le jeune orateur, fougueux et plein de charisme ; de l'autre, l'enchanteur vieilli et comme ravagé.

Lacordaire a trente-trois ans, Chateaubriand soixante-sept. Le prédicateur aux embrasements romantiques triomphe en chaire ; le seigneur absolu des lettres, le vicomte de Saint-Malo et de Combourg, le proscrit de la Vallée-aux-Loups, a encore treize années à vivre et on l'imagine dans l'assistance, tassé, comme détruit par l'admirable tremblement du temps mais emporté dans le flot d'une parole dense et brillante où, à plus d'un titre, il se retrouve.

Il lui reste à achever ses *Mémoires* et à écrire ce chef-d'œuvre crépusculaire qu'est sa *Vie de Rancé.* J'aime à penser que la voix du vibrant abbé entendue dans la nef sombre et froide de Notre-Dame en mars 1835 l'a plus que séduit et qu'elle l'a même nourri…

1. In *Notre-Dame de Paris. Mémorial de la France,* de Pierre du Colombier, Librairie Plon, 1966. Cet ouvrage fait partie de la bibliothèque du père Bernard Heudré, ancien curé de la cathédrale de Rennes, qui m'a signalé ces portraits et prêté ce livre. Qu'il en soit vivement remercié.

9

La *centralité* de Notre-Dame, au cœur de l'Histoire et de la vie nationale, est indéniable. Il est rare aujourd'hui que l'on cite Léon Zitrone mais je rapporte volontiers les paroles qu'il prononça pour caractériser le lieu d'où il parlait, le samedi 6 avril 1974, au début de la retransmission télévisée de la messe célébrée à la mémoire de Georges Pompidou, tant elles semblent justes : ce « centre spirituel de la France, temple national où retentit de génération en génération l'écho des grandes heures de notre pays ».

Il ne dit pas « cathédrale » mais « centre spirituel » et « temple national »… Le 14 juillet 1882, jour de la fête nationale, jour aussi de l'inauguration de l'hôtel de ville de Paris reconstruit, Notre-Dame fut illuminée, électriquement illuminée, ce qui constituait une première. La crudité de l'éclairage faisait ressortir, comme jamais, les galeries, les statues, les gargouilles, les créatures monstrueuses sorties de l'imagination de Hugo et de la restauration de Viollet-le-Duc, les saints priaient au milieu des bêtes et des diables ; sur le portail du Jugement, on croyait assister à la résurrection des morts et l'on voyait le Christ bénir, de ses deux doigts dressés, la foule rassemblée.

Il semblait soudain qu'il n'y eût plus de cassure, les siècles s'enchaînaient, les grandes figures paraissaient s'inscrire dans une continuité inaltérable, les patriarches, les prophètes et les rois... La Révolution et ses saccages relevaient d'un mauvais rêve aujourd'hui dissipé.

Les ponts de Paris étaient également illuminés, des banderoles flottaient ici et là, on tira un feu d'artifice à la pointe de l'île Saint-Louis, des barques pavoisées glissaient sur la Seine, on joua *La Marseillaise*, sans hargne, sans violence : la fête, presque vénitienne, était un moment de réconciliation...

Les archevêques successifs ont le souci de marquer les grands moments de la vie nationale. Sans doute tiennent-ils ainsi à manifester publiquement le lien qui unit leur cathédrale au pays, lien qui fait de ce lieu le creuset de l'identité catholique de la France. Le baptême du prince impérial y est célébré en 1856 : il faut dire que son parrain n'est autre que le pape Pie IX.

Zola, dans *Son Excellence Eugène Rougon*, livre un témoignage éclairant sur le climat de liesse populaire qui accompagne l'événement. Le romancier journaliste donne une description précise, circonstanciée, de la cérémonie, en énumérant les participants – princes, princesses, grands dignitaires, membres du corps diplomatique et du Sénat, du Corps législatif et du Conseil d'État –, il note l'emplacement exact du trône impérial surmonté d'un dais de velours doublé d'hermine, avec un oiseau au ventre de neige et aux ailes de pourpre, et souligne le « resplendissement » causé, près de l'autel, par l'abondance d'évêques mitrés et crossés.

Mais on ne saurait réduire ces pages virtuoses de Zola à un strict compte rendu : sa plume se déchaîne, l'écriture s'emballe et offre un véritable poème en prose, une sorte même de vision prémonitoire :

> Entre les deux larges rideaux, l'église se creusait, immense, dans une vision surhumaine de tabernacle. Les voûtes, d'un bleu tendre, étaient semées d'étoiles. Les verrières étalaient, autour de ce firmament, des astres mystiques, attisant les petites flammes vives d'une braise de pierreries. Partout, des hautes colonnes, tombait une draperie de velours rouge, qui mangeait le peu de jour traînant sous la nef ; et, dans cette nuit rouge, brûlait seul, au milieu, un ardent foyer de cierges en tas, plantés si près les uns des autres, qu'il y avait là comme un soleil unique, flambant dans une pluie d'étincelles. C'était, au centre de la croisée, sur une estrade, l'autel qui s'embrasait[1].

On croirait assister à l'incendie de Notre-Dame avant l'heure !

*

C'est à Notre-Dame encore qu'on ouvre, le 22 avril 1894, le procès de béatification de Jeanne d'Arc. Cette même année, en juillet, les obsèques du président Sadi

1. Émile Zola, *Son Excellence Eugène Rougon*, Gallimard, « Folio » nº 1369, p. 166-167.

Carnot, assassiné à Lyon par un anarchiste italien, sont célébrées dans la cathédrale mais c'est dans un enfeu du glacial et parodique Panthéon qu'est descendu le cercueil du chef de l'État.

Le vent tourne et les temps changent… Les lois de 1905 marquent une laïcisation vigoureuse de l'État, une distinction résolument affirmée. Il s'agit bien d'extraire définitivement la France de l'obscurantisme des confessionnaux et des bénitiers… C'est dans l'onde portée de ces lois que le cardinal Richard est chassé de sa résidence archiépiscopale de la rue de Grenelle le 17 décembre 1906. Le vent vire à la bise…

Les hommes politiques continuent de venir à Notre-Dame dans des circonstances exceptionnelles, le haut clergé de la cathédrale ne se désintéresse pas de la vie nationale et du sort du pays.

C'est ainsi que le cardinal Amette fait dire, le 13 septembre 1914, une prière pour les armées françaises et la sauvegarde de la patrie. Et le 17 novembre 1918, il préside le *Te Deum* de la victoire dans un chœur pavoisé aux couleurs de la France. On a eu soin, également, de suspendre aux tribunes les drapeaux des puissances alliées.

Les relations ne sont cependant pas au beau fixe et il flotte encore un vieux fond d'anticléricalisme. Ni le président du Conseil, Clemenceau, ni aucun de ses ministres n'assistent à cette cérémonie. Le président de la République, Poincaré, brille aussi par son absence mais il s'est fait représenter par son épouse, tout comme le maréchal Foch… L'intransigeance coriace et obtuse des bouffeurs de curés de la République des Jules est encore bien vivace.

*

Le général Bonaparte s'était offert un sacre à Notre-Dame, le général de Gaulle se contentera d'un *Magnificat*, sans pape et même sans archevêque. L'événement a lieu le samedi 26 août 1944 mais il faut savoir que la veille, le général Leclerc est entré solennellement dans une cathédrale pavoisée de drapeaux tricolores, s'inscrivant dans cette belle tradition qui veut que le retour du gouvernement légitime de la France dans la capitale reçoive la bénédiction de l'Église qui est à Paris. Déjà, en 1594, Henri IV avait procédé ainsi.

C'est un *Te Deum* qu'il aurait fallu. Mais l'archevêque de Paris s'est compromis en accueillant Pétain quatre mois plus tôt et en assistant aux funérailles nationales du ministre de l'Information et de la Propagande du gouvernement de Vichy, Philippe Henriot, abattu par la Résistance le 28 juin 1944.

Ligoté par sa loyauté et sa fidélité au Maréchal, le cardinal n'est pas à une bévue près. En conséquence, le 26 août 1944, de Gaulle, sur les conseils du père Bruckberger et de Francis-Louis Closon, décide de l'exclure de la cérémonie de Notre-Dame et de le maintenir confiné à l'archevêché.

Le pauvre Emmanuel Suhard se voit ainsi privé de sa cathèdre qui, en la circonstance, restera vide… Le cardinal accueillera solennellement le général le 8 mai 1945, au seuil de Notre-Dame, pour le *Te Deum* de la victoire et l'humiliante exclusion ne sera plus qu'un lointain souvenir.

Pour de Gaulle, comme pour Leclerc la veille, le passage par Notre-Dame a la valeur et la vertu d'une légitimation.

Le général de Gaulle met ses pas dans ceux du général Bonaparte, mais avec bien plus de modestie et d'humilité.

Celui qui a répondu à « un appel venu du fond de l'Histoire », celui qui, selon ses mots, « assume la souveraineté française » ne doute à aucun moment de sa légitimité. Le sauveur de Londres, le veilleur de la Gaule immémoriale et éternelle a récupéré « un trésor en déshérence[1] » et il entend désormais être l'incarnation d'un État revenu sur le sol de la patrie.

Le général arrive. Sur les Champs-Élysées, la foule est considérable et de Gaulle l'assimile à une mer… Le mieux est de lui laisser la parole :

> Si loin que porte ma vue, ce n'est qu'une houle vivante, dans le soleil, sous le tricolore. Je vais à pied. Ce n'est pas le jour de passer une revue où brillent les armes et sonnent les fanfares. Il s'agit, aujourd'hui, de rendre à lui-même, par le spectacle de sa joie et l'évidence de sa liberté, un peuple qui fut, hier, écrasé par la défaite et dispersé par la servitude. Puisque chacun de ceux qui sont là a, dans son cœur, choisi Charles de Gaulle comme recours de sa peine et symbole de son espérance, il s'agit qu'il le voie, familier et fraternel, et qu'à cette vue resplendisse l'unité nationale[2].

Ainsi va donc le général, « ému et tranquille, au milieu de l'exultation indicible de la foule[3] ». Il descend les Champs-Élysées, il emprunte « l'axe le plus

1. Charles de Gaulle, *Mémoires de guerre. L'unité, 1942-1944*, Plon, 1956, p. 321.
2. *Ibid.*, p. 311.
3. *Ibid.*, p. 311.

illustre du monde », il traverse la capitale en suivant cette ligne mythique qui va de l'Arc de triomphe à Notre-Dame.

Il va à pied dans le concert d'une foule en délire et il feuillette en pensée le grand livre de l'Histoire de France, il songe à l'Aiglon prisonnier en voyant les marronniers bordant l'avenue, à son père et au Roi-Soleil, à la théorie des rois qui ont habité au Louvre, à Saint Louis et à Jeanne d'Arc, à Louis XVI et Marie-Antoinette dont les têtes roulèrent sur le sol de la Concorde, à Charles X et à Louis-Philippe…

Le général de Gaulle, par cette marche victorieuse, se réapproprie la continuité des rois, il marche vers « Notre-Dame, prière de Paris, et la Cité, son berceau[1] », sa légitimité devient palpable et visible ; c'est un sacre extérieur, à l'air libre, sans protocole factice ni carton-pâte, nul besoin de *Te Deum* : l'allégresse de la foule et l'onction de la glorieuse lumière d'été suffisent…

Au moment d'entrer dans le grand vaisseau ténébreux, rempli de cette marée humaine déferlant de la tombe du Soldat inconnu et comme illuminé de taches tricolores, le général s'est-il souvenu de ces lignes magnifiques qu'il avait écrites en captivité, en Allemagne, au début de 1918 ?

« Ô vieux vaisseau comme amarré au chapelet des siècles et qui semble prendre élan sur un bras de la Seine pour porter jusqu'au jugement du Très Haut les générations d'une ville impérissable. Tu ne seras pas détruit, austère et flamboyant navire. Dieu veille sur toi de ses grands

1. *Ibid.*, p. 313.

yeux attentifs, soutenu dans sa mission par la Vierge vigilante[1]. »

*

Le pouvoir quitté, en janvier 1946, lorsque le général se retire au pavillon de chasse de Marly le temps que soit achevée la remise en état de La Boisserie, sa vie publique entre dans une forme de parenthèse et l'ancien chef du gouvernement provisoire n'apparaît plus à Notre-Dame.

Il faudra attendre son retour aux affaires, en mai 1958, pour que le général retrouve le chemin de la cathédrale. Il le fait à l'occasion des grandes cérémonies où il estime indispensable la présence du chef de l'État.

D'une manière plus secrète, c'est en ces lieux, aux dernières années de son pèlerinage terrestre, que le général se prépare, non pas à quitter le pouvoir, mais ce monde.

Il assiste ainsi aux funérailles du maréchal Juin, son camarade de Saint-Cyr, le 1er février 1967. Il est de nouveau à Notre-Dame, le 17 février 1968, pour les obsèques solennelles du cardinal Veuillot, archevêque de Paris. Quelques jours plus tôt, il a une fois encore médité le mystère du trépas et l'imminence de la mort en plongeant à bord de l'*Eurydice*, en hommage aux hommes du sous-marin *Minerve* perdus corps et biens.

Le jour des obsèques du cardinal, il est à la même place que pour celles du maréchal Juin, à droite du chœur ; une grande étamine pourpre recouvre le cercueil, mais, cette

1. Cité par Marcel Le Clère, in *Paris de la préhistoire à nos jours*, Éditions Bordessoules, 1985.

fois, une mitre modeste et une crosse janséniste ont remplacé le képi et le bâton de maréchal de France.

Le 12 novembre 1970, jour de deuil national, à 11 heures, la cathédrale de Paris accueille vingt-sept chefs d'État, douze chefs de gouvernement, vingt-huit ministres des Affaires étrangères et près de cent délégations officielles. Le shah d'Iran, le prince héritier d'Angleterre, le roi Baudouin, la reine Juliana, le prince Rainier sont là... Selon le mot de Maurice Druon, ils forment « l'extraordinaire assemblée de la paix par un grand deuil unie ».

Mais, à la différence de 1944 et de tant d'autres cérémonies ensuite, le général est absent, son corps aussi. Le souvenir de la haute et impressionnante silhouette flotte dans la nef...

Le narrateur du roman de Grainville, *Les Anges et les faucons,* aura ces mots :

> Tous les puissants planétaires n'adoraient qu'un absent. De Gaulle avait renié ma cathédrale. Et je lui en voulais un peu. Mon rêve eût été qu'on organisât des funérailles privées à Notre-Dame. Rien que la famille et les résistants de la dernière guerre, en compagnie des anges et des faucons. Voilà. Pas de tralala. La cathédrale et le Général. Seul à seul. Fils et madone. Et dix faucons de feu[1].

En effet, le général de Gaulle aura droit, chez lui, en Haute-Marne, l'après-midi de ce même jour, à une messe d'enterrement sobre et provinciale dans la petite église de Colombey, sous la présidence, non souhaitée, de

1. P. Grainville, *Les Anges et les faucons, op. cit.*, p. 92-93.

l'évêque de Langres, en présence de sa famille, des membres de la communauté paroissiale et des fidèles compagnons, Malraux et Gary en tête, et sous le regard de trois cents millions de téléspectateurs.

Patrick Grainville rapporte que lorsque, porté par dix jeunes gens de Colombey, le cercueil est sorti de l'église pour être déposé dans la tombe toute proche, un vol d'oies sauvages passa sur la campagne.

On était loin, très loin, des fastes de Notre-Dame.

10

Pie VII inaugure, à sa manière et dans un contexte particulier, le cycle des visites pontificales à Paris. Il faudra, en fait, attendre 1980 pour qu'un souverain pontife, en la personne de Jean-Paul II, franchisse de nouveau le seuil de la cathédrale. Il reviendra en 1997 ; Benoît XVI fera, lui, un unique voyage apostolique, en 2008.

Le dimanche 31 mai 1964, célébrant de Saint-Louis-des-Français à Rome le huitième centenaire de Notre-Dame, Paul VI, qui ne visitera pas la France, privilégiant la Terre sainte et les Philippines, rend hommage à Notre-Dame de Paris, « pur joyau de l'art gothique » qui, selon lui, « intimement liée aux grandes heures religieuses et politiques de la France », offre l'équilibre majestueux de ses tours en dressant vers le ciel sa flèche audacieuse.

Le pape hamlétique, aussi tourmenté que la belle férule de Lello Scorzelli qu'il arbore ce jour-là encore, rappelle le souvenir de Saint Louis et de son frère Robert, « pieds nus et vêtus d'une simple tunique », de Louis XIII vouant son royaume à la Vierge vigilante, d'Isabelle Romée, la mère de Jeanne d'Arc, de Lacordaire, de Claudel, mais il a soin de citer ses prédécesseurs : Pie VII sacrant Napoléon, le futur Pie XII venu le 13 juillet 1937 honorer Notre-Dame de Paris, « l'âme même de la France, l'âme de la fille aînée de l'Église qui parle à son âme », son « vénéré prédécesseur », le futur Jean XXIII qui, du temps où il était en poste à Paris, occupa souvent le siège du nonce.

Il est intéressant de noter que, dans cette cascade de grands noms, le pape ne prononce pas celui du général de Gaulle, alors en fonction, mais ne manque pas d'évoquer « le triomphe ardent du *Magnificat* de tout un peuple libéré ».

Le francophile Paul VI ne viendra pas à Paris, il ne passera pas le seuil de la cathédrale insulaire. Il voyage peu, il souffre et retient sa souffrance, il a assez à faire avec son diocèse en crise, ses prêtres qui partent, ses églises qui se vident, l'Italie en proie aux dissensions politiques et au terrorisme. Il est bientôt plus maigre, plus décharné que le Christ de sa férule et il porte l'agonie de son ami Aldo Moro comme une croix. Il meurt le dimanche 6 août 1978. 1978, l'étrange année des trois papes.

Mais l'Église est encore capable de se ressaisir et de surprendre. Comme beaucoup, je ne suis pas près d'oublier cette soirée du lundi 16 octobre 1978. Les cardinaux sont entrés en conclave depuis le samedi 14 pour élire le successeur de Jean-Paul Ier, dont l'Histoire gardera le souvenir d'un homme d'une profonde bonté et d'un bref sourire. Les rumeurs les plus folles ont couru : le pape est-il mort de sa belle mort, écrasé par le poids d'une charge qui le dépassait, ou a-t-il été empoisonné, parce qu'il allait mettre fin à tout un ensemble de pratiques frauduleuses au sein même de l'administration vaticane ?

Et, si ce pape était dans la continuité du concile Vatican II, au point de s'être donné les noms des deux pontifes qui en ont été l'instigateur et l'artisan, celui que les cardinaux viennent de choisir dans le secret de la chapelle Sixtine sera lui aussi profondément l'héritier du concile et l'ouvrier du rajeunissement de l'Église.

Le cardinal chargé d'annoncer à la ville et au monde l'identité du nouveau pape en écorchera le patronyme, trop habitué sans doute à la fluidité des sonorités latines : pour la première fois depuis des siècles, le pape n'est plus italien, il vient de l'Est, de l'enfer des régimes autoritaires, de l'autre côté du Rideau de fer.

C'est l'archevêque de Cracovie, il a cinquante-huit ans, une puissance immédiatement perceptible dès son apparition à la loggia de la basilique Saint-Pierre, même s'il semble timide, comme entravé dans ses gestes. Certains diront ensuite que cette réserve gestuelle et ces bras levés au ciel étaient imputables à l'inconfort de la mozette qu'il avait revêtue dans la « chambre des larmes ».

Il fallait à l'Église un chef, un pasteur incarné, intrépide, que rien n'arrête et, cette fois, la providence le lui a donné. Cela n'enlève rien aux qualités des deux prédécesseurs, l'intellectuel si raffiné, si subtil, si éprouvé aussi, rappelé à Dieu le jour de la Transfiguration alors qu'il n'était plus qu'une ombre fragile et transparente ; le patriarche de Venise si bon et qui n'aura cessé de montrer au monde, le temps d'un éphémère pontificat, un étonnement dont lui-même ne se remettait pas. Oui, le peuple de Dieu a besoin d'un chef, d'un homme qui lui fixe le chemin, qui l'admoneste, le réconforte, l'encourage, le gourmande, qui lui rappelle sans cesse la nécessité de la lettre et la force de l'esprit.

Jean-Paul II sera ce pontife d'exception ; avant que les balles d'un terroriste turc ne viennent le frapper le 13 mai 1981, place Saint-Pierre, il incarnera pleinement ce pape vigoureux, inflexible, jamais las de parcourir le vaste monde, d'attirer à lui les foules, de galvaniser les croyants de tous les pays et plus particulièrement les jeunes.

C'est un pasteur indéniablement, c'est aussi un homme d'État dont la désignation est, à elle seule, une provocation à l'égard des tyrans sanguinaires du bloc de l'Est, ces momies fourrées et toquées qui s'alignent les jours de grandes parades militaires sur le mausolée de Lénine. Pas de grève possible dans les chantiers navals de Gdansk sans Jean-Paul II, pas de frémissement démocratique en Pologne sans cette présence d'un homme, l'évêque de Rome, qui invite à relever la tête, à secouer le joug avilissant du matérialisme, l'épouvantable servitude du totalitarisme communiste, à mettre fin à une utopie qui fut avant tout un épouvantable carnage.

Jean-Paul II est ce pape géopolitique, ce géant porté par des circonstances d'exception, l'un de ces hommes dont la stature fascine et que l'Histoire révèle de loin en loin. On parlera très vite de « génération Jean-Paul II », évoquant ainsi une Église qui cesse d'être craintive et honteuse, ne redoute plus d'affirmer ce qu'elle est, sa profondeur, sa pérennité, sa vitalité.

Le pape n'a pas peur de soulever des énergies ; en bon comédien qu'il demeure, il aime voir les foules affluer vers lui. Le pape est beau, combatif, hâlé ; il aime ce qui est volonté et énergie, il habite pleinement son corps, il n'est plus la momie fragile que l'on transportait naguère sur une *sedia* entourée d'éventails garnis de plumes d'autruche…

Ces temps sont loin, le pape fascine autant qu'il attise les haines, il séduit, il dérange, sûr de lui, sûr de son sacerdoce, pleinement investi dans sa fonction de serviteur des serviteurs de Dieu ; il ne tire sa force que de l'Évangile, sa légitimité lui vient de Dieu, sa vie et son ministère ne trouvent leur sens que dans cette parole qu'il a prononcée sous le *Jugement dernier* de Michel-Ange, le soir même de son élection, et qui n'a été entendue que de ses anciens pairs, les cardinaux : « *Accepto.* »

*

Je me souviens, comme si c'était hier, du voyage de Jean-Paul II à Paris au printemps de 1980.

La République giscardienne est presque révolue, le vieux renard du Morvan pointe déjà le museau et s'apprête à se métamorphoser en monarque solutréen… François Mitterrand est d'ailleurs à l'Élysée, dans le salon des Ambassadeurs, avec Jacques Chirac et Georges Marchais, le samedi matin 31 mai, lorsque le président Giscard d'Estaing présente au Saint-Père les grands ténors de la vie politique nationale.

Peu de temps auparavant, dans le salon de la Cartographie de l'aile privée, les deux chefs d'État ont eu un entretien de quarante-cinq minutes environ et ils ont évoqué la situation en Afrique, en Afghanistan, au Proche-Orient et, bien entendu, en Pologne, avec la fameuse et récente rencontre de Varsovie. Pour donner plus d'intimité à leur échange, les deux hommes ont même, en toute simplicité, rapproché les beaux fauteuils Napoléon III habillés de velours cramoisi…

Avant de s'envoler de Rome, Jean-Paul II a déclaré qu'il quittait « les rives du Tibre, chargées d'histoire, pour celles de la Seine, pleines de majesté ». Certes, il visitera la nécropole royale de Saint-Denis et le sanctuaire de Lisieux, mais le point culminant de ce voyage, c'est évidemment Notre-Dame.

Le soir de son arrivée, le vendredi 30 mai, le pape célèbre la messe sur le parvis de la cathédrale, avant de s'adresser aux prêtres du diocèse de Paris rassemblés dans la nef. On a même, pour la circonstance, déployé le grand tapis des Gobelins.

Jean-Paul II est dans une forme éblouissante, il irradie littéralement, on est loin de la réserve et de la retenue empruntée de Paul VI. Jean Cau, qui raconte l'événement dans *Paris Match*, voit en lui un « pape rayonnant de foi et de force ». Il souligne le contraste entre la vigueur du pontife romain, dans la splendeur de son magistère et l'éclat de la soixantaine, et l'usure du personnel politique français et la fadeur exténuée de l'Église de France.

La plume du reporter de *Match* est cruelle – justement cruelle – et elle n'épargne personne. Jean Cau raille le sourire apprêté des ministres, leur insuffisance d'être, leur transparence, il insiste sur le vieillissement et les rhumatismes d'un de nos Kennedy français, Chaban-Delmas ; il raille les cantiques, les louanges à la Vierge chantées « sur un air joyeux de ronde et de villanelle » ; il s'en prend aussi au pauvre cardinal Marty dont la voix, les mots et le comportement lui ont toujours ourlé les nerfs… Pour lui, à côté de l'Homme blanc, l'archevêque – finissant – de Paris, avec sa calotte rouge de guingois, ressemble à « un moussaillon radical-socialiste de retour de bordée », rien de moins ! « La majesté n'était pas sur lui, conclut le journaliste acerbe. Mais sur le pape Jean-Paul II[1]. »

La majesté est aussi dans la cathédrale, malgré la foule et la pagaille. Écoutons le témoin Jean Cau : « *Magnificat* en latin. À pleine gorge et à plein cœur. Que ce chant divin de puissance et de gloire s'élève encore, à Paris, à la fin du XXe siècle de consommation de tout et de beaucoup d'ordures, dans une cathédrale et en présence d'un pape, voilà qui ne laisse pas de causer un choc. Qu'une foi chante encore dans l'un des plus beaux temples de la terre[2]... »

Jean Cau s'exalte, il croit même reconnaître Mauriac en la personne d'un vieillard qui caquette, derrière sa main en cornet, à l'oreille d'un autre vieillard, et il va jusqu'à imaginer le gisant de Vémars revenu en catimini pour guetter Jean-Paul II...

Ce reportage est un pur bijou, précis, lyrique, admirablement écrit. Évidemment l'engagement et la nostalgie de Cau affleurent à tout moment, mais j'aime ses vibrations, ses colères, son émotion aussi lorsque, à la fin de la messe, il voit le soleil déclinant faire flamber les tours. Après Zola, une nouvelle image prémonitoire...

Le pape et la cathédrale resplendissent, pas l'Église de France. Le paroxysme de l'indignité sera atteint au Bourget le dimanche 1er juin 1980, à l'occasion de la grand-messe frileuse et automnale, célébrée dans un cadre sinistre, et où la foule des catholiques n'honore pas la rencontre exceptionnelle qui lui est offerte.

1. *Paris Match*, numéro du 5 juin 1980, p. 128.
2. *Ibid.*, p. 128.

Les rangs sont clairsemés. Certes il pleut des trombes mais la météorologie n'est pas l'unique responsable, les causes sont plus profondes et plus sérieuses, la France glisse déjà sur la pente de la déchristianisation. Alors Jean Cau se déchaîne :

> Où est passée la fille aînée de l'Église ? Elle n'a pas de bottes, d'imper, de parapluie ? Elle a le bonheur – et la chance – d'avoir un Pape rayonnant de foi et de force, pierre sur laquelle elle peut reconstruire son Église, athlète souriant de Dieu capable de porter l'Agneau blessé sur ses larges épaules, elle a ce Pape et cet homme et, malgré vents et pluies du Bourget, elle ne se jette pas sur lui ? Elle a peur d'attraper un petit rhume [1] ?

La rage de l'ancien secrétaire de Sartre me comble et j'avoue relire ce reportage, dans un numéro mythique pieusement archivé, avec une joie inaltérable.

En réentendant les paroles du pape – « France, Fille aînée de l'Église, es-tu fidèle aux promesses de ton baptême ? » ; « France, Fille aînée de l'Église et éducatrice des peuples, es-tu fidèle, pour le bien de l'homme, à l'alliance avec la sagesse éternelle ? » –, on devine qu'il fit le même constat. Mais il avait déjà une idée en tête : une fois le bon prélat aveyronnais dûment remercié, il ouvrirait la voie, dès le 2 février suivant, jour de la Présentation de Jésus au Temple, à une reconquête, de Paris et de la France, en installant, dans la cathèdre de Notre-Dame, un homme de sa génération et de sa trempe, l'évêque d'Orléans, le futur « cardinal juif » selon le mot de Druon…

1. *Ibid.*, p. 134.

Notre-Dame de l'Univers

Depuis toujours les routes convergent vers cette île du cœur de la capitale : l'axe reliant la Méditerranée à l'Allemagne, aux Flandres et à l'Angleterre passe par elle, celui qui relie la Bourgogne et la Normandie aussi, mais il est fluvial, lui.

Avant d'être le carrefour des nations du monde, ce lieu, sous l'autorité des « nautes », fut celui des richesses qui alimentaient Paris, étains et draps des Flandres ; produits de la terre, blé de Brie, vins et bois de Bourgogne, fruits des marées normandes.

C'est à cet endroit que va jaillir Notre-Dame, d'une carrière constituée par les ruines des deux églises détruites, une première Notre-Dame et Saint-Étienne, mais à ces pierres consacrées, qui serviront, à ce titre, de fondations au nouveau vaisseau, vont s'ajouter d'autres pierres, extraites, elles, de la butte Saint-Jacques et des carrières de Montrouge, de Bagneux et d'Arcueil.

Notre-Dame, on peut le dire, est vraiment née du sol de Paris. Elle en est le centre, au milieu de son île, et pas moins de neuf ponts permettent aux foules en provenance du monde entier de l'atteindre…

Mais on ne saurait réduire ce site et sa cathédrale à un enchevêtrement d'axes et de ponts horizontaux.

Notre-Dame, c'est avant tout la hauteur, c'est avant tout l'élévation. Les piliers et les hautes voûtes ont poussé et l'on a pu justement qualifier les constructeurs de ce vaisseau de « charpentiers de pierre ».

Oui, Notre-Dame, c'est l'élévation et ce qui l'incarne ici, c'est la Vierge Marie.

Pour le monde, c'est la Vierge située à la croisée du transept, la Dame au timide sourire, témoin de « l'art praxitélien de la sculpture gothique » selon la formule de Focillon, autrefois placée dans la chapelle Saint-Aignan. Elle a une élégance un peu guindée, une grâce presque naïve et, n'en déplaise à Claudel, ce n'est pas elle qui a ma préférence.

J'avoue, en effet, être plus ému par la Vierge du trumeau de la porte nord du cloître : cette statue, plus charmante, plus naturelle, est loin de bénéficier de la notoriété, de la popularité, et de la vénération de la Vierge du pilier mais, à mes yeux, elle mérite plus que le détour : elle appelle les regards, la considération et la prière.

Elle est belle et touchante dans l'expression de son orgueil maternel, peut-être plus émouvante encore parce qu'au fil des siècles, la statue du XIIIe *siècle a perdu son enfant : elle se dresse telle une Vierge seule et blessée, altière comme une reine, étrange avec ce petit coffret qu'elle semble porter et qui n'est rien d'autre que la relique minérale du Fils de l'homme disparu…*

LA CATHÉDRALE BLESSÉE,
LA CATHÉDRALE RELEVÉE

1

Lundi 15 avril 2019

Je m'apprête à gagner La Procure pour l'enregistrement de l'émission de KTO, *L'Esprit des lettres,* lorsque Quentin Lafay m'apprend, par un SMS, que Notre-Dame est en feu.

Incrédulité et sidération. Un immense nuage de fumée recouvre Paris. La cathédrale brûle, la charpente s'embrase, la flèche de Viollet-le-Duc s'effondre. Les flammes lèchent le beffroi nord quand j'emprunte la passerelle des Arts pour rejoindre la rive gauche.

L'enregistrement de l'émission a quelque chose de surréaliste. Jean-Marie Guénois s'isole entre les différentes séquences afin d'écrire son papier pour *Le Figaro.* Philippine de Saint-Pierre me demande d'intervenir sur l'antenne de KTO, avec le curé de Saint-Sulpice. La cathédrale est sérieusement dévastée mais elle ne serait pas entièrement détruite. Ce sont les bribes d'informations qui nous parviennent dans le caisson de la librairie transformée en studio.

Vers 1 heure du matin, au sortir de La Procure, une

très forte odeur de brûlé flotte toujours sur les quais. Je la sens très nettement du taxi qui me reconduit dans le Sentier. Je me redis cette chose stupéfiante : Notre-Dame a flambé, sa charpente multicentenaire n'est plus que cendres et brandons. Dans mon quartier, l'odeur de l'incendie est aussi perceptible comme si c'était la cathédrale des Halles, toute proche, qui avait été la proie des flammes…

2

Les jours suivants seront marqués par la désolation, le deuil et la colère. Un ami prêtre me rapporte que l'archevêque prie pour savoir où il installera sa cathèdre, mais sauf son respect, ce n'est pas de la cathédrale comme siège de l'évêque que l'on parle, c'est d'abord du monument, et pas n'importe lequel, un joyau du patrimoine national, le symbole, par excellence, de Paris, connu du monde entier.

Les bruits les plus fous courent aussi : s'agit-il vraiment d'un accident, d'une négligence – un ouvrier travaillant là-haut aurait-il oublié un mégot encore incandescent –, ne serait-ce pas plutôt un attentat et, pour les plus insensés, un signe que Dieu adresserait, au seuil de la semaine sainte, à un peuple de mécréants et d'athées vautrés dans le matérialisme et le relativisme ?

Des fidèles, touchés au plus profond de leurs entrailles, ont pleuré et prié, de l'autre côté de la Seine, face à l'édifice embrasé. Ils se sont rués dans le 5e arrondissement dès qu'ils ont eu connaissance du drame. Il doit y avoir pas mal de curieux et de voyeurs aussi, de badauds qu'excite la progression implacable des flammes. Le feu fascine, c'est un spectacle visuel et olfactif, la combustion de la charpente – la mythique « forêt » – dégage une terrible odeur de bois brûlé, le zinc de la toiture et des gouttières fond, des brandons et des particules fumantes tombent sur le parvis, sur le fleuve, tout près des fidèles et des curieux agglutinés…

Oui, le feu fascine, il est ce monstre hugolien, ce buisson de tentacules, cette terreur ardente que tentent de juguler les pompiers avec leurs modestes échelles et leurs lances. Ils seront d'un courage exceptionnel qui force l'admiration. Ils ne craignent rien, ils s'introduisent dans l'enfer, la fournaise de la « forêt » attaquée par les flammes.

Tout cela va durer des heures et il n'y a pas que les badauds des bords de Seine à suivre l'effroyable incendie : la France, le monde sont suspendus à cette terrible incertitude qu'a ouverte l'effondrement de la flèche. La cathédrale va-t-elle tenir ? Ses murs ne risquent-ils pas, à tout instant, de se fissurer ? Le beffroi nord et les cloches ne sont-ils pas, eux aussi, sur le point de basculer dans le vide ?

La foule avide et curieuse, extatique et affolée, ne voit pas les autorités massées au pied de l'édifice, le chef de l'État, le Premier ministre, la maire de Paris, le préfet, et, ne les oublions pas, l'archevêque et le recteur de Notre-Dame. Ce qui est en train de se produire est un événement de la plus haute importance et les pouvoirs publics y font face et y répondent comme ils le feraient pour un acte de guerre, un attentat ou un séisme.

On a dit que les secours avaient tardé à arriver – l'abondance de la circulation et les embouteillages sur les quais, ce beau lundi soir d'avril, en sont l'unique cause – parce qu'il se trouve toujours des esprits chagrins et mauvais pour critiquer et dénoncer.

Force est de reconnaître que la mobilisation et les moyens mis en œuvre auront été, sans conteste, à la hauteur du drame. Le président de la République est présent. Il commande et il ordonne. C'est lui qui décrétera qu'il faut sauver Notre-Dame, c'est lui qui donnera aux pompiers l'ordre d'intervenir pour préserver la tour nord de l'invasion du feu, c'est encore lui qui, à la faveur de cet épouvantable sinistre, va faire entrer dans son *domaine réservé* la cathédrale, certes propriété de l'État mais aussi, et peut-être avant tout, lieu de la cathèdre épiscopale…

Notre-Dame revient soudain dans la vie des Français, au premier rang même de leurs préoccupations. Les curieux, les voyeurs, les indiscrets, les charognards et les récupérateurs vont se presser au pied de ses murailles fumantes et sur les plateaux de télévision pour bavasser, pérorer, assener leurs jugements définitifs et à l'emporte-pièce. Tout le monde donne son avis, tout le monde suppute et extravague.

Ces experts nombreux et autodéclarés savent-ils à quel point, avant l'incendie, la cathédrale était malade, son extérieur tout particulièrement ? Faisant le tour de l'abside au moment de sa nomination en 2016, Mgr Chauvet avait trouvé des pierres tombées sur le sol du jardin du chevet. Un peu plus tard, il apprendrait qu'un des arcs-boutants du chœur était gravement rongé par la pollution[1]…

Notre-Dame fume encore mais elle n'est pas tombée. Le pire a été évité. Les reliques sont sauvées, la couronne

1. Entretien avec l'auteur, au presbytère de la Madeleine, le lundi 13 février 2023.

d'épines a échappé au brasier et à l'eau, la statue de la Vierge du pilier, elle aussi, est miraculeusement intacte, malgré la chute de nombreuses pierres de la voûte. Elle n'a, au dire de l'ancien recteur de la cathédrale, qu'un peu de suie sur la couronne.

Elle va être emballée et protégée avant d'être transportée à Saint-Germain-l'Auxerrois, église royale devenue non pas cathédrale, mais, tout le temps que dureront les travaux de restauration, le lieu de la liturgie de Notre-Dame.

3

On peut penser ce que l'on veut du film de Jean-Jacques Annaud, *Notre-Dame brûle*, et ses détracteurs n'ont pas manqué de souligner les complaisances et les effets de ce long-métrage « immersif », mais le principal mérite du film est de nous rendre témoins du moment majeur du drame, c'est-à-dire la constitution du commando-suicide, à risques compris et consentis, qui va s'aventurer dans la tour nord pour la préserver de l'effondrement.

C'est un véritable dilemme : faut-il sauver des pierres ou la vie de ces hommes, faut-il les exposer dans le cadre très bref – une quinzaine de minutes – qui s'offre, si l'on veut attaquer le feu à partir des tours en protégeant la charpente des beffrois ?

Le vent très fort attise l'incendie ; dans la nef ruisselle une pluie de métal incandescent et de plomb en fusion. Il n'y a plus qu'une solution : appliquer la stratégie de la « part du feu », en envoyant peut-être à la mort ces jeunes officiers valeureux et intrépides. Et si cette opération de la dernière chance ne marche pas, une chose est sûre : la chute de la façade de la cathédrale sera inéluctable.

C'est là l'intérêt du film d'Annaud qui nous restitue la scène de la formation et de l'engagement du commando-suicide avec ce qu'il faut de tension dramatique. Le général Gallet a pleinement conscience des immenses risques encourus et il ne veut pas envoyer ses hommes, dont certains sont de tout récents pères de famille, au casse-pipe. Il est habitué à sauver des vies humaines, pas des pierres, fussent-elles celles de la cathédrale dévorée par les flammes. Une image effroyable le hante : celle d'une théorie de cercueils disposés dans la cour de sa caserne…

L'opération n'est possible qu'avec l'accord du président de la République. Dans le film d'Annaud, on voit Emmanuel Macron poser la main sur l'épaule du général en murmurant un discret « OK » avant de quitter la périphérie de Notre-Dame. Le oui des soldats du feu est plus franc, plus solennel, il manifeste l'acquiescement héroïque de militaires qui connaissent la cathédrale, l'ont en affection et savent ce qu'elle signifie, ce qu'elle abrite, ce qu'elle est. Ces vigoureux et magnifiques athlètes sont prêts à porter une croix dont ils connaissent la symbolique et le prix…

Le commando s'engage dans les escaliers des tours. Le combat que livrent ces soldats sans crainte durera plus d'une heure. Une petite lumière brille, accrochée à leurs casques. Ils aspergent méthodiquement les poutres qui se consument déjà. Et le miracle survient : ils réussissent à dompter le feu et même à contenir sa progression. Vaincu, le brasier recule.

À 22 h 50, soulagé, le général Gallet peut dire que la bataille des beffrois est gagnée : même si le pignon nord est toujours léché par les flammes, même si l'état, très endommagé, de la façade occidentale n'est pas sans susciter de vives inquiétudes, la cathédrale ne tombera pas cette nuit : Notre-Dame est sauvée.

4

Le mardi 16 avril 2019, très tôt, après une nuit brève et hantée par le spectacle de la cathédrale en feu, j'ai voulu m'approcher du bâtiment, désormais privé de toiture, et dont les ruines arrosées fumaient encore.

De l'île Saint-Louis, de ce pont de la Tournelle où l'on avait cette vue sans pareille sur le chevet de Notre-Dame, ce que l'on découvrait était proprement terrifiant : la grande nef à l'air libre, les murailles noircies, les belles rosaces comme en suspens, le vide terrifiant d'un monument sacrifié, la splendide flèche de Viollet-le-Duc partie en fumée…

C'était plus qu'une tristesse qui m'envahissait, une sorte d'abattement face à l'incompréhensible. Ma douleur était aussi vive que si j'avais vu disparaître au Faou mon église des marées…

Venait de brûler la grande cathédrale littéraire et historique, celle de Hugo et de Claudel, le théâtre du sacre de Napoléon et du *Magnificat* de 1944, de Quasimodo et des conversions miraculeuses… Déjà la polémique s'enflait, sur les causes du sinistre, l'abandon relatif d'une vieille dame fragilisée par les ans, le coût, les conditions, la durée même de la reconstruction. Poutres à l'ancienne ou structure de béton ? Cinq ans, selon la volonté, fortement exprimée, du président de la République ? Dix ans, peut-être plus ? La reverrais-je même un jour ?

*

(Quelques mois plus tard, un matin de décembre, je suis entré dans l'église Saint-Germain-l'Auxerrois, tout près du Louvre, tout près aussi de cette passerelle des Arts d'où j'avais vu les flammes monter de la cathédrale.

C'est là qu'est installée désormais, tout le temps que dureront les travaux, la belle statue de Notre-Dame. Oui, elle est là, rescapée de l'incendie et de l'effondrement des voûtes, la Vierge du pilier, simple, fragile, gracile, éminemment accessible. Dans sa cathédrale, elle avait une hauteur, une majesté qu'elle a perdue aujourd'hui.

Elle a gardé son sourire un peu triste, elle se tient tout près du fauteuil où s'assoit, le dimanche soir, l'archevêque, privé de sa véritable cathèdre : émanent d'elle une intensité, une beauté plus évidente, presque palpable… À Notre-Dame, elle faisait l'objet d'une grande dévotion, des centaines de votives brûlaient à ses pieds. Rien de tel ici. Pas la moindre bougie, pas de pèlerin, ni même de visiteur.

Ce mardi matin de décembre 2019, dans l'église vide et silencieuse de Saint-Germain-l'Auxerrois, tout près du fleuve qui avait vu tomber sur ses eaux les brandons et les cendres rougeoyantes du sinistre, Notre-Dame continuait de veiller sur la capitale, frêle et miraculeuse, si touchante, si pure, si porteuse de toute la beauté de Paris.)

5

Samedi saint 20 avril 2019

Un samedi ordinaire à Paris depuis novembre : des hélicoptères qui patrouillent, la garde républicaine à cheval rue de Rivoli, des sirènes incessantes, des cars de CRS qui roulent à toute vitesse vers la place de la République, théâtre de pillages et de violences…

« Filage » à Saint-Eustache de la messe de Pâques que diffusera *Le Jour du Seigneur*.

Je feuillette tous les magazines consacrés à l'incendie de Notre-Dame : insoutenable et saisissante beauté des images. Me reviennent les lignes que Gracq consacre, dans *Lettrines 2*, à l'incendie de la cathédrale de Nantes dont je revois encore les images, au début du journal télévisé du 28 janvier 1972 : « le gigantesque *toro de fuego* de [la] cathédrale en feu, le filigrane rouge de chacune de ses solives dessinées sur le noir du ciel comme pour autant de côtes ardentes ».

*

Dimanche de Pâques 21 avril 2019

Messe télévisée à Saint-Eustache, sous la présidence de l'archevêque et en présence d'Anne Hidalgo et de Nathalie Loiseau. Nous sommes tous sur le pont dès 9 heures. Mgr Aupetit serait-il en repérage pour trouver l'endroit où il installera sa cathèdre ? C'est la question que se pose la communauté paroissiale, non sans inquiétude…

Homélie de l'archevêque sur le thème pascal d'une interrogation, « Où est le corps du Seigneur ? », remise dans le contexte de l'incendie de Notre-Dame. C'est l'aumônier des pompiers qui est allé dans le chevet de la cathédrale sauver le saint sacrement. Mgr Aupetit lui offre, ainsi qu'à ses hommes, le lectionnaire des messes de semaine, à la couverture encore gondolée par l'eau des lances, pour les remercier tous de leur courage, de leur efficacité et de leur dévouement.

6

« Tout ce qui touche à Notre-Dame, c'est la passion[1] ! »

On ne saurait mieux dire et cette formule de l'actuel recteur de Notre-Dame, Mgr Olivier Ribadeau Dumas, condense à merveille toutes les controverses, tous les sursauts émotionnels, toutes les polémiques, toutes les fables aussi que va provoquer la reconstruction de la cathédrale. Ce sera, d'ailleurs, un défilé incessant de sujets susceptibles de déchaîner les passions des doctes, des gardiens du temple, de spécialistes dont on peut mettre en doute la compétence, d'amateurs fervents de la cathédrale d'autant plus prompts à se faire entendre que leur attachement à Notre-Dame est récent et leur légitimité suspecte…

Tout est de nature à galvaniser les protagonistes : le remplacement de la « forêt » par une structure bétonnée, celui de la flèche de Viollet-le-Duc par une création nouvelle manifestant « un geste architectural fort », l'installation d'un jardin sur les toits de la cathédrale, dans l'esprit sans

1. Entretien avec l'auteur, au presbytère de Notre-Dame, le jeudi 16 février 2023.

doute de ce qui avait été imaginé pour remplacer le forum des Halles avant l'érection de la Canopée, la constitution, à l'intérieur de l'édifice, d'un parcours catéchétique de nature à rappeler aux visiteurs la portée spirituelle du lieu.

Je me souviens d'une rencontre, rue Chanoinesse, à la fin mars 2021, avec le père Gilles Drouin, chargé, par l'archevêque de l'époque, du suivi de la restauration de Notre-Dame. Nous avions évoqué les futurs aménagements liturgiques. Il était déjà clair qu'il y aurait bien une nouvelle cathèdre et que l'autel de Touret, détruit par l'effondrement de la voûte, serait remplacé. Le père Drouin espérait seulement que la cathédrale rouvrirait à l'automne 2024, mais il craignait les effets de la campagne présidentielle et surtout les rivalités politiques. En effet, on pouvait alors craindre que la Mairie de Paris, voulant s'attirer les faveurs des écologistes, exploitât l'affaire du plomb fondu et des contaminations éventuelles, ce qui aurait interrompu le chantier.

Heureusement rien de tel ne s'est produit mais la passion et les cris d'orfraie ne se sont pas pour autant calmés.

À l'origine du débat, cachée, jamais vraiment formulée, il y a une différence d'appréciation sur le caractère propre de cet édifice et peut-être même les vestiges d'une vieille méfiance, d'ordre idéologique. Est-ce un monument comme les autres, propriété de l'État qui peut en disposer comme il ferait de Versailles, de Trianon ou de Chambord ?

Ne serait-ce pas plutôt un monument certes, mais confié à un affectataire religieux, en l'occurrence à l'Église catholique, en la personne du curé archiprêtre, aux côtés de l'archevêque de Paris qui y a sa cathèdre, c'est-à-dire la marque même de sa charge ?

Les précieuses reliques ont été sauvées le soir de l'incendie, la couronne d'épines, le clou et un fragment de la croix, elles ont passé la nuit à l'Hôtel de Ville, dans le vaste bureau du maire avant d'être transférées au Louvre où elles se trouvent encore à l'heure où j'écris ces lignes[1]. Deux regards s'affrontent là : une perception historique et muséale, une tradition chrétienne qui fait que, depuis sa construction, à l'initiative de Maurice de Sully, ce bâtiment est l'église-mère des églises de Paris.

À cet égard, l'offensive médiatisée de certains reconstructeurs, emportés dans une surenchère de projets toujours plus inventifs et audacieux, a eu pour effet de susciter angoisses et fantasmes dans le camp d'en face, c'est-à-dire celui du clergé, des fidèles, de tous ceux pour qui cet édifice est un peu plus qu'un monument.

Il n'est pas impossible que dans le premier camp où l'on voyait d'abord une carcasse calcinée à rebâtir, donc un lieu spirituellement mort, la tentation ait effleuré certains esprits positivistes et laïcards de transformer la cathédrale en musée.

Il est évident que dans le camp adverse, face à ce risque qui pouvait s'apparenter à une captation, avec des relents de confiscation façon loi de 1905, on ait pensé qu'il était urgent de se réapproprier la cathédrale pour bien montrer, et au plus vite, que même blessée, Notre-Dame demeurait le lieu de la vie, qu'elle était tout sauf un musée,

1. Au Faou, le mardi 10 octobre 2023.

donc un ensemble de pierres mortes et qu'elle restait le siège symbolique de l'archevêque.

C'est ce que beaucoup ont compris en apprenant que Mgr Aupetit entendait célébrer une messe dans la cathédrale, dès le 9 juin 2019, comme s'il tenait à marquer son territoire. C'est ce que j'ai perçu lorsque dans notre entretien au presbytère de la Madeleine, celui qui avait été le recteur de Notre-Dame, Patrick Chauvet, a redit, avec insistance, que la cathédrale était le *lieu de la cathèdre* et l'église de Saint-Germain-l'Auxerrois le *lieu de la liturgie cathédrale.*

Ce disant, ce faisant, l'archevêque et l'archiprêtre se situaient pleinement dans la tradition de l'Église en rappelant la vocation de ce lieu, admirablement exprimée par l'un des prédécesseurs de Michel Aupetit sur le siège de Paris, le cardinal Maurice Feltin, qui écrivait en 1956 les lignes suivantes :

> L'âme de notre cathédrale, ce sont les évêques parisiens qui l'ont formée. [...] Notre-Dame n'est pas pour autant un musée ou une nécropole. La vie spirituelle y trouve sa plus haute expression dans le déroulement des fastes liturgiques et dans la prédication ininterrompue, dont la chaire de Notre-Dame reste le symbole universellement connu. Si, comme le dit Victor Hugo, notre cathédrale est la « Bible du peuple », ajoutons qu'elle est aussi un monument doctrinal toujours en construction et qui fait de la chaire de Notre-Dame l'écho direct et fidèle de la chaire de Rome.

Les mots du cardinal sonnent fort : « Un monument doctrinal toujours en construction », « un album de pierre » et

« parce que toutes les routes nationales y conduisent, la Mère des églises françaises[1] ».

Des pierres, certes endeuillées de suie, mais des pierres sacrées et bien vivantes. Dès qu'il s'agit de bâtisseurs, l'Église reste résolument plus opérative que spéculative…

1. Préface au livre de l'inspecteur des monuments historiques Pierre-Marie Auzas, *Notre-Dame de Paris*, Librairie Hachette, 1956.

7

C'était une voix pour moi, martiale et tonitruante, celle d'un homme autoritaire, à qui rien ne semblait faire peur et qui ne devait reculer devant rien ni personne. Comme tout le monde, je l'avais vu comparaître devant la commission des affaires culturelles de l'Assemblée nationale – il était question de la fameuse reconstruction à l'identique de la flèche de Viollet-le-Duc – et déclarer, à propos de l'architecte en chef des monuments historiques Philippe Villeneuve, face à un parterre médusé : « Je lui ai déjà expliqué plusieurs fois [...] qu'il ferme sa gueule pour que nous puissions sereinement faire le meilleur choix pour Notre-Dame, pour Paris, pour le monde. » Rien de moins. Le ton était donné.

Il y aurait ensuite, la veille de Noël 2022, la matinale de France Culture avec un passionnant reportage de Quentin Lafay sur la renaissance de Notre-Dame : étaient interrogés Frédérique Meyer, plusieurs ouvriers chargés de la restauration et Jean-Louis Georgelin, « le général de Notre-Dame », comme il se nommait, et qui, en chrétien assumé, n'hésitait pas à dire que la cathédrale était l'âme de la

France. Trois cents ouvriers travaillaient sur le chantier, ils seraient bientôt cinq cents dans un vaisseau encombré d'échafaudages et équipé d'ascenseurs. Quentin avait précisé qu'avant de pénétrer dans le chantier, il avait dû se déshabiller intégralement et passer des vêtements spécifiques… Coïncidence troublante : c'est lui qui, le 15 avril 2019, m'avait appris, par un SMS, que Notre-Dame était en feu ; c'est lui qui, grâce à ce reportage, lançait ce livre…

Je m'étais résolu à demander audience à l'ombrageux général. Ce n'était pas n'importe qui : ancien chef d'état-major particulier du président Chirac, ancien chef d'état-major des armées, ancien grand chancelier de la Légion d'honneur, présentement représentant spécial du président de la République, président de l'établissement public chargé de la conservation et de la restauration de la cathédrale Notre-Dame de Paris…

Le général était familier des titres prestigieux et ronflants. Je lui avais écrit. Quelques semaines avaient passé, sans signe de sa part, puis il m'avait appelé lui-même, directement : sa voix avait grondé dans la messagerie de mon portable et j'avais cru, un instant, que c'était un proviseur de l'ancien monde qui forçait sa voix et se haussait du col. Non, c'était le général en personne !

Mgr Chauvet m'avait prévenu en me parlant du « maréchal colérique ». J'avais deviné que les relations n'avaient pas dû être simples. Le peu que je savais du haut gradé me laissait à penser qu'il devait avoir peu d'atomes crochus avec les éminences et leur élégance chantournée…

Le lundi 13 mars 2023, j'ai donc pris la direction de l'Élysée, il faisait beau, je me sentais d'humeur légère, assez peu intimidé, les enjeux étaient faibles, ça passerait ou ça casserait, sans affecter le cours du monde, la restauration de Notre-Dame et, accessoirement, la rédaction de cet ouvrage…

Le général avait son bureau dans l'aile gauche du palais, pas très loin du salon des Fougères où travaille la première dame : ce n'était pas n'importe quelle pièce qu'il occupait, puisqu'il s'agissait de l'ancienne chapelle de l'Élysée aménagée pour l'impératrice Eugénie, le lieu où Charles et Yvonne de Gaulle entendaient la messe dominicale lorsqu'ils n'étaient pas à Colombey.

Après un temps d'attente tout à fait raisonnable, le général est venu m'accueillir sur le seuil de sa chapelle, il fallait descendre quelques marches, il s'est campé derrière un bureau Empire garni de lampes bouillottes et m'a invité à m'asseoir près d'une table de réunion en Plexiglas placée juste devant lui. Il y avait là tous les attributs et l'apparat du pouvoir, le mobilier en acajou, la paire de flambeaux, la tapisserie des Gobelins pendue au mur.

Je l'ai sans doute maladroitement remercié en évoquant le chrétien prestigieux qui avait communié en ces lieux. Le général a tenté de me piéger en me demandant le nom de l'officiant – je le connaissais, c'était le Père blanc François de Gaulle, décédé, au printemps 2020, des suites du virus chinois. J'avais passé le premier degré des épreuves mais je me suis vite entendu dire que le général de Gaulle n'était pas l'Histoire de France – Georgelin le prenait plus pour un homme politique que pour un vrai militaire –, ce à quoi j'ai répondu qu'il en était, malgré tout, une part importante. Le général a grogné, j'ai senti qu'il se détendait, un cap avait été franchi, je n'étais pas indigne de figurer à cette place…

Il y avait beaucoup de mise en scène chez cet homme

qui aimait subjuguer son auditoire ; certes il m'impressionnait sans me tétaniser, il inspirait le respect, il m'intriguait, il ne me faisait pas peur.

« Pensez-vous qu'il y a encore des ministres, monsieur l'inspecteur général ? » a-t-il grondé comme s'il cherchait une fois de plus à m'impressionner.

Je n'avais pas murmuré un début de réponse qu'il laissait tomber :

« Des directeurs d'administration centrale ! »

Et il s'est lancé dans une énumération savoureuse des locataires de la Rue de Valois qu'il avait fréquentés depuis son installation en ces lieux, le trait était vif, la cible chaque fois atteinte, le ridicule ou la limite des personnages cruellement soulignés.

Il tenait son pouvoir du président de la République et il ne manquait pas une occasion de le rappeler. Il était son représentant spécial, c'était l'homme des présidents dans un palais de l'Élysée qu'il connaissait par cœur et qu'il disait truffé d'espions… Les ministres de la Culture, les conseillers d'État, les éminences grises qui chuchotent à l'oreille du prince, les « visiteurs du soir », rien ne l'intimidait.

Emmanuel Macron avait décidé de rendre intacte Notre-Dame à la nation, son action s'inscrivait dans cette droite ligne ; il agissait fièrement, résolument, brutalement, sans état d'âme. La chapelle de Napoléon III et de De Gaulle était son QG, le chantier de la cathédrale le théâtre des opérations…

On sentait le dévouement absolu du serviteur fidèle, il était pleinement l'homme du président, un canal direct le reliait à la pierre angulaire, toujours il serait le féal de la clé de voûte et il ne s'encombrait surtout pas d'intermédiaires : les conseillers infatués et intrigants, les fades et transparents politiques, plus légitimes dans la vente de biens de consommation que dans la gestion d'un département ministériel, à l'inverse les ministres aux airs de divas ou les idéologues incapables de prononcer l'adjectif « catholique », tous il les foudroyait de sa grosse voix faussement autoritaire, même assez chaleureuse et presque enjouée.

Le général Georgelin était une véritable bête de scène, il ne mâchait pas ses mots, il se gaussait de l'attitude de cette frange de cathos réacs qui lui en voulaient de servir le jeune banquier d'affaires devenu président et qui, faussement aimables, lui disaient, lorsqu'il les croisait à l'Opéra : « Généraaaaaal ! » avant de distiller leur fiel et leurs reproches.

Je l'avoue : j'étais sous le charme de cet homme d'exception, j'avais rarement vu pareil personnage, un tel degré dans l'incarnation, et je mesurais combien le chef de l'État savait s'entourer d'hommes de bon conseil. Il se disait que c'était un écrivain qui avait soufflé au président le nom de l'ancien grand chancelier.

Jean-Louis Georgelin, général d'armée et chrétien affirmé, était le chef d'orchestre qui avait su conduire les travaux de consolidation de la cathédrale avant que ne débute la restauration proprement dite. Les architectes, les artisans, les compagnons… et les ecclésiastiques, rien ne l'arrêtait. Il bramait, il martelait, il donnait des ordres. Et pour lui – il me le dirait à plusieurs reprises dans sa chapelle dont la fenêtre ouverte donnait sur la cour d'honneur de l'Élysée très ensoleillée – Notre-Dame était un lieu de culte avant d'être un monument historique.

À l'entendre, une cathédrale de fer – il parlait des mille tonnes de métal mis en place pour soutenir l'édifice – doublait la structure de la cathédrale de pierre, mais il n'oubliait pas ce qu'il appelait la « cathédrale humaine », la compagnie de tous les acteurs qui portaient le chantier.

Notre entretien touchait à son terme. Il m'a demandé si j'avais encore du temps. Il avait senti ma passion pour le mobilier et les palais nationaux et il voulait me faire voir les pièces redécorées de l'Élysée. Avant que nous ne quittions la chapelle, il a tenu à me montrer deux documents qu'il avait donné à encadrer : une gravure représentant Napoléon arrivant à Notre-Dame le jour de son sacre ; le plan de table de la réunion d'avril 2019, à l'Élysée, où il avait été désigné en vue de coordonner les travaux de restauration de la cathédrale incendiée. Tout un symbole…

Au hasard des couloirs et des antichambres, des gardes républicains le saluaient. Il grondait : « Bonjour, garde ! » Il allait là comme chez lui et je devinais bien qu'il devait être plus à l'aise dans les salons aménagés au goût de Mme Chirac. Tout cela ressemblait un peu à un musée des horreurs et je crois qu'il l'a susurré. Il continuait à m'interroger. Il testait ma connaissance réelle des lieux. Le pic de la visite a été atteint lorsque nous sommes entrés dans le salon Murat. Des femmes y dressaient une table pour le dîner et on entendait une assourdissante musique électronique. J'ai cru reconnaître des airs de l'album *Oxygène*… Le général, une fois encore, a manifesté son autorité et même son agacement :

« Mesdames, qu'est-ce que c'est que ce bruit ?

— Général, ont-elles répondu, c'est Jean-Michel Jarre

qui répète dans la salle des fêtes pour les mardis de l'Élysée… »

Le général a légèrement haussé les épaules. Il y avait là, disposé devant une porte, un bureau recouvert d'un beau maroquin rouge.

« Et ça ? » m'a demandé le général, jamais las de me mettre à l'épreuve, en désignant le meuble comme échoué dans cette pièce du rez-de-chaussée.

J'avais identifié la table de travail, due à l'ébéniste Cressent, qui avait servi à de Gaulle, à Pompidou, à Mitterrand, à Chirac et aussi à ses deux successeurs. J'aurais même pu dire au général que c'était l'infortuné Félix Faure qui l'avait fait venir, en son temps, du ministère de la Marine…

Nous sommes revenus vers le vestibule, avant de nous séparer devant les drapeaux de marbre blanc d'Arman et leurs hampes dorées. Il y avait près d'une heure et demie que j'étais au palais.

*

J'ai appris la mort tragique du général Georgelin le samedi 19 août 2023. Présumant peut-être de ses forces, à l'aube de ses soixante-quinze ans, le général fanfaron, qui ne doutait ni de lui ni de son endurance, faisait seul l'ascension du mont Valier, dans l'Ariège, sur des chemins escarpés et dangereux où il s'était déjà perdu l'année précédente. Ne le voyant pas revenir, le responsable du gîte où il était hébergé a lancé l'alerte : le corps sans vie du général a été retrouvé dans un pierrier, quatre-vingts mètres en contrebas du sentier situé sous le col de Faustin.

À l'occasion de ce décès tragique, de cette mort montagnarde et solitaire, un croyant à la foi vacillante ou intermittente serait fondé à se demander si la Providence aime vraiment la cathédrale parisienne, qu'elle n'épargne guère : un terrible incendie dévastateur en 2019, un archevêque débarqué en 2021, le général bâtisseur foudroyé en 2023…

À l'Élysée, Philippe Jost, qui était son second, a remplacé le général Georgelin dans l'ancienne chapelle de l'impératrice Eugénie et à la tête de l'établissement public, mais sans le titre de représentant spécial du président de la République. Un des acteurs éminents de l'univers de Notre-Dame m'a rapporté que la voix du général manquait à la première dame. Elle n'est pas la seule.

Sa voix, et sa personne…

8

Dans la lumière dorée du soir, d'un taxi qui me ramène du 13e ou du 5e arrondissement en longeant la Seine, j'ai toujours aimé apercevoir la grande galerie des patriarches et des rois, les portes comme entrouvertes, la nef qui se creuse, intimidante et sombre.

Tant de figures, tant de souvenirs contenus dans cette cathédrale fluviale, bâtie à l'à-pic de la Seine, me reviennent alors en un éclair. Sur la rive de la Saône, la primatiale lyonnaise n'est certes pas sans majesté mais elle ne surgit pas de l'eau comme Notre-Dame, forteresse encerclée de douves. Oui, à chacun de mes passages, je revois toutes les figures et les grandes heures, de Quasimodo à l'appel de Claudel, du sacre de Napoléon aux funérailles nationales de De Gaulle, Pompidou, Mitterrand. Et la nef me fascine, son élévation, ses grandes verrières, la septentrionale, froide et bleue, la méridionale, rouge, chamarrée, comme brûlée par le zénith.

L'intérieur, on l'a vu, a été saccagé, profané, remodelé tel un décor de théâtre que l'on modifie à souhait. Les innovations du début de ce siècle, dans le domaine des aménagements mobiliers, ne m'ont jamais convaincu : l'autel, trop petit, formait une sorte de cube de cuivre bosselé et triste ; l'ambon, juché au haut de marches qui s'envolaient telle une piste de lancement, était finalement sans grâce ; la cathèdre, encadrée de ridicules rideaux pourpres, se cachait, à la droite du chœur, dans une baignoire au bout des stalles.

J'ai longtemps attendu l'artiste qui saurait donner à ce lieu le mobilier sobre et majestueux qu'il mérite, sans imaginer un seul instant que de tragiques circonstances précipiteraient les choses. L'aménagement liturgique et l'esthétique n'étaient pas le fort du « cardinal juif ». Il avait d'autres urgences, d'autres préoccupations : pour lui, ce monde n'en finissait pas de saigner au pied de la croix.

Vêtu de sa chasuble rouge, avec, enroulé autour du bras, selon sa volonté, un châle de prière de la Première Alliance, il repose aujourd'hui dans la crypte des archevêques dont on devine l'entrée, sous une dalle, derrière l'autel conciliaire. Les cercueils des prélats, un peu surélevés, sont disposés simplement. Ils ne sont pas enterrés, au sens propre. La terre de la crypte est sans doute trop humide. Les crues et les infiltrations menacent. Au pied des marches qui plongent dans le caveau, sur des tréteaux, le cercueil du dernier archevêque à être mort en fonction en février 1968, le cardinal Veuillot, attend ses successeurs au siège de Paris...

Pour moi, la cathédrale ne sera jamais aussi belle que la nuit, vue de l'abside, avec sa foison d'arcs-boutants et de nervures éclairés. Elle semble fine, translucide, prête à glisser, à partir au gré du fleuve. Du taxi, je la regarde toujours avec une sorte de fascination intacte, une émotion qui jaillit de l'enfance, saisi par sa précarité, sa beauté, et je songe chaque fois au mystère qu'elle abrite et aux restes des vieillards – Emmanuel, Maurice, Pierre, Aron… – dormant sous les dalles du chœur dans leurs lambeaux de pourpre.

Hier soir, 12 octobre 2023, j'ai emprunté le même itinéraire mais on ne voit plus l'édifice, enchâssé dans une sorte de centre Pompidou géant. On devine des grues, des ascenseurs, une multitude d'échafaudages, une sorte de ville tentaculaire et illuminée.

Paris et le monde attendent l'érection de la flèche et le moment, magique et vertigineux, où la cathédrale sera débarrassée de sa gangue industrieuse et métallique. C'est cette alchimie que l'on espère, à la date prévue, la dislocation de tous ces échafaudages, de ces immenses baraques de chantier, de ces gigantesques constructions qui font penser à une raffinerie pétrolière.

Dans le soir exceptionnellement doux de ce 12 octobre, pour une fois, je n'ai pas songé à Hugo, à Napoléon, à de Gaulle, à Viollet-le-Duc, à Lacordaire captivant de son éloquence un parterre d'ombres illustres. C'est un militaire impérieux que j'entendais, houspillant, galvanisant ses troupes. Il avait une voix terriblement forte, de nature à apeurer les faucons, les abeilles des ruches installées sur le toit de la sacristie, les rats du parvis.

À l'évidence, c'était lui… *Le général de Notre-Dame.*

9

Il pleuvait sur Lourdes le mercredi 29 juin 2022 lorsque j'ai raccompagné Mgr Ribadeau Dumas avenue Bernadette-Soubirous, devant l'entrée de l'hôtel où nous avions dîné. Mon pèlerinage sur les traces de la sainte au rocher s'achevait, sa mission à la tête du sanctuaire aussi puisqu'il serait dans quelques semaines le recteur-archiprêtre de Notre-Dame. Sans doute le Parisien qu'il est devait-il être comblé par cette perspective. Mais j'ai senti que ce qu'il avait vécu ces trois dernières années l'avait marqué en profondeur, et que son passage par Lourdes l'aiderait dans sa mission de curé bâtisseur…

Depuis notre première rencontre à Saint-Eustache, je suis très sensible à l'élégance et à la disponibilité de cet homme, à son ouverture d'esprit, à sa hauteur de vue. Je connais ses qualités d'organisateur et d'administrateur, son sens de la diplomatie aussi. On ne pouvait pas rêver meilleur choix pour cette fonction en ces temps de relèvement de la cathédrale.

Son prédécesseur, Mgr Chauvet, les deux fois où je l'ai vu, a eu l'élégance de ne laisser percer aucune amertume, même si je sais que son départ de Notre-Dame lui a été douloureux. Il est évident qu'il aurait aimé être le recteur de la cathédrale au moment de sa réouverture, mais il a dû se plier aux ordres de l'archevêque, comme il s'était agenouillé aux pieds du cardinal Marty qui l'avait ordonné. On peut penser que, en son for intérieur, il n'est finalement pas mécontent d'avoir été soulagé d'une charge très lourde pour un septuagénaire. Et être curé de la Madeleine, ce n'est pas rien…

Il est toujours plaisant de rencontrer le recteur et de l'entendre parler des travaux en cours. Il a béni les grumes, ces chênes de dimensions exceptionnelles en provenance de forêts qui remontent à l'époque de Colbert, il évoque avec admiration la soixantaine de charpentiers lorrains œuvrant à la construction de la nouvelle « forêt » pour laquelle, comme aux temps immémoriaux, on emploie du bois taillé à la hache.

Olivier Ribadeau Dumas est avant tout sensible, après la consolidation, à la renaissance du monument. Plusieurs fois il m'a parlé de la blondeur retrouvée de la pierre, de son éclat, de la lumière : on s'était habitué à une cathédrale noire, encrassée par le temps, et ce que l'on découvrira, au seuil de l'hiver 2024, c'est un vaisseau clair et lumineux. À plusieurs reprises aussi, j'aurai entendu le recteur insister sur la nécessité de demeurer humble, de cultiver même cette humilité que l'on doit à ceux qui ont édifié Notre-Dame, à ceux qui l'ont sauvée, à ceux qui la restaurent.

Il s'agit bien – et je cite le curé – d'« être à la hauteur », de ne jamais perdre de vue que la cathédrale a été élevée pour la gloire de Dieu qui est l'âme de ce grand vaisseau.

Ce qui est au cœur du bâtiment, c'est bien le mystère pascal que l'on approche dans un état de dévotion et ce mystère se concentre ici dans les saintes reliques, tout particulièrement la couronne d'épines qui reste un élément de culte et de piété populaire, et c'est très bien ainsi.

Évidemment il y a l'abondance des fonds et la constellation des donateurs, prestigieux ou anonymes, les prouesses de ceux qui travaillent sur le chantier et concourent au relèvement de la cathédrale blessée ; évidemment il y a les liens avec le pouvoir, au premier chef le président rebâtisseur, grisé par l'odeur du bois frais, et intimant aux ouvriers l'ordre « de ne rien lâcher pour les mois à venir », mais ce qui compte avant tout aux yeux du recteur, plus encore que la flèche qui a naturellement son importance, c'est la confection et l'installation du mobilier liturgique qui rappelle la vocation première de l'édifice : accueillir la célébration des saints mystères.

À cette fin, sur soixante-neuf contributeurs, dans un premier temps, cinq ont été retenus et un seul, finalement, sera sélectionné. Je me revois le dimanche 8 janvier 2023, à la fin de la procession de la Sainte-Geneviève, échangeant avec lui sur le parvis de Notre-Dame et lui confiant mon agacement de voir que l'on considérait encore la cathédrale comme un monument ordinaire. Il m'annonce que les artistes pressentis pour aménager le chœur – l'autel, la cathèdre, l'ambon qui sera au pied de la Vierge du pilier, le tabernacle disposé sur le maître-autel de Viollet-le-Duc et le baptistère, lui symboliquement placé à l'entrée de la nef – viennent d'être reçus par l'archevêque, en sa présence : il espère qu'ils auront compris l'ampleur et l'exigence de la commande, cette dimension sacrée qui se manifeste à travers la liturgie.

L'histoire de la cathédrale continue : il s'agit simplement de concevoir un mobilier noble et discret qui s'insérera sans injure dans le monument rajeuni… Dans cette perspective, l'éclairage, refait à neuf, offrira une intensité variable en fonction du temps liturgique : l'Avent et le Carême ne sauraient, en effet, avoir la luminosité des temps de Noël et de Pâques…

Pour Mgr Ribadeau Dumas, cette reconstruction est avant tout « un magnifique signe d'espérance ». Il aime aussi à rappeler que Notre-Dame, tout le monde – le monde entier – sait qu'elle se trouve à Paris. On devine parfois son impatience, parfaitement maîtrisée : ce sera un grand moment que celui où l'on remettra à l'affectataire les clés de l'édifice restauré, embelli, et un plus beau encore lorsque l'archevêque et lui graviront les marches de l'autel pour y célébrer la première messe de la nouvelle Notre-Dame…

J'aime rejoindre Olivier Ribadeau Dumas rue Chanoinesse, dans ce presbytère charmant mais provisoire dont les caves abritent les restes du maître-autel de Touret défoncé… En marchant sur les quais, on n'entend plus désormais que des sirènes hurlantes : Paris ressemble de plus en plus à une ville américaine.

Un entracte, paisible et comme hors du temps, m'attend chaque fois, en compagnie du recteur qui m'éclaire sur la progression des travaux, les récents aménagements de la cathédrale. Il pourrait s'agacer des complications, des insuffisances, des convictions obtuses des uns et des autres, mais il chasse tout cela d'un sourire, et me confie goûter avec ravissement, le soir venu, le calme de son île…

10

Impensable d'écrire ce livre sans aller visiter, en cet automne 2023, l'exposition du Louvre consacrée au trésor de Notre-Dame[1]. Sans doute la présence de la seule couronne d'épines, conservée au musée depuis l'incendie, justifiait-elle cette compagnie de reliques et d'objets religieux miraculeusement sauvés la nuit du 15 avril 2019. Mais il serait réducteur et fallacieux de ne voir dans cet ensemble exceptionnel qu'une collection dont les pièces, de manière très manifeste, témoignent, au fil des siècles, des variations du goût et des techniques, des modes liturgiques aussi. Notre-Dame ne sera jamais le conservatoire d'un culte disparu ; la liturgie, dans sa beauté, est appelée à y revivre et une grande majorité de ces objets ont encore vocation à *servir*.

À cet égard, le propos liminaire de Mgr Ulrich est clair : ce trésor ne saurait être vu comme les autres pièces mon-

1. Visite privée effectuée grâce à l'entremise d'Olivier Gabet, directeur du département des objets d'art du musée du Louvre, le 19 décembre 2023.

trées au Louvre, c'est-à-dire les vestiges de civilisations, ou de pratiques artistiques, révolues. « Au-delà de la forme, souligne l'archevêque, l'objet nous saisit par le mystère du sens qu'il lui revient d'exprimer. » Et, précisant que le trésor n'est pas exposé dans sa totalité, tout simplement parce que certains éléments sont encore utilisés, à Saint-Germain-l'Auxerrois certainement, il ajoute : « L'objet possède donc cette capacité de faire revivre le passé ou, plutôt, de se faire témoin d'éternité, oubliant tout effet du temps dans ces instants où opère la grâce. Pour nous instruire et nous émerveiller, le trésor de Notre-Dame, comme bientôt sa cathédrale relevée de ses ruines, se révèle ici au-delà des siècles et à travers des apparences qu'il revient à chaque visiteur d'appréhender[1]. »

Et, dans cette sacristie souterraine, entre la Seine venue de Notre-Dame et l'ancien palais du cardinal de Richelieu, dans les entrailles du Louvre royal et du Paris immémorial, il est émouvant d'admirer, dans une visibilité et une intimité parfaite, ces pièces précieuses qui sont soudain comme données de plain-pied au visiteur.

J'avoue m'être arrêté un peu plus longuement devant la croix d'autel avec parcelles du bois de la croix et de la couronne d'épines due à François-Isaac Bertrand, devant la croix-reliquaire avec fragments de la croix d'Anseau et de la croix de Saint-Claude, devant cette crosse émaillée aussi, trouvée en 1699 dans un tombeau épiscopal, et la bague, dite de Maurice de Sully, découverte dans des conditions similaires.

Il est plaisant de voir aussi – même si on peut le faire

1. *Le Trésor de Notre-Dame de Paris des origines à Viollet-le-Duc*, Louvre éditions, 2023, préface de Mgr Laurent Ulrich, p. 9.

toute l'année puisque ces reliques du sacre de Napoléon sont exposées dans une salle proche de l'ancien bureau ministériel de Giscard – les *regalia* que l'on doit à Biennais, la couronne et la main de justice ainsi que la croix de procession et la parure d'autel, constituée de six chandeliers et d'un crucifix, et réputée provenir de la cathédrale d'Arras.

Évidemment l'acmé de cette visite, c'est la contemplation du reliquaire de la couronne d'épines, en cristal de roche, diamants et pierres fines, et vide, pour la circonstance, de sa précieuse relique, puisqu'il s'agit d'une exposition et non d'une ostension appelant la vénération.

D'autres objets attirent encore le regard : la châsse de la couronne d'épines due à Jean-Charles Cahier et qui me semble un peu massive, la croix de la princesse Palatine, les bustes-reliquaires de saint Pierre et saint Paul, la chape fleurie offerte par Napoléon III à l'occasion du baptême du prince impérial, la chapelle du chanoine Deplace, le grand reliquaire de Viollet-le-Duc et le chrémier en forme de colombe de Chertier, la mitre et l'étole de Mgr Sibour…

Le grand chandelier pascal de Poussielgue-Rusand, qui accueille le visiteur, mérite évidemment une station mais, même si les chapes et les mitres sont loin de faire défaut dans cette exposition, une pièce plus récente, souvent admirée à Notre-Dame, m'a particulièrement manqué. Cette pièce, c'est la chasuble inspirée de la forme même de la chemise de Saint Louis – et non la chape comme l'indique fautivement le catalogue dans lequel elle figure pourtant –, confectionnée par Jean-Charles de Castelbajac pour le pape Jean-Paul II à l'occasion des JMJ de 1997.

Le Saint-Père avait porté ce magnifique vêtement liturgique frappé de croix colorées et comme éparpillées sur la totalité de la chasuble, lors de la messe célébrée à l'hippodrome de Longchamp, le dimanche 24 août 1997, devant un million de fidèles – ce qui effaçait le triste souvenir du rendez-vous raté du Bourget en 1980. Déjà fatigué, il s'appuyait sur la férule noueuse de Lello Scorzelli et il était coiffé de la mitre aux évangélistes chère à Paul VI.

Cette chasuble, découverte à l'occasion d'une exposition à la mairie du 5e arrondissement en juin 2010 et contemplée ensuite dans le trésor de la sacristie des chanoines, je l'ai aussi souvent vue portée par les cardinaux Lustiger et Vingt-Trois.

On aimerait qu'elle réapparaisse un jour, dans sa splendeur, au maître-autel de la cathédrale relevée de ses ruines, ce qui n'est pas du tout garanti, puisque le diocèse de Paris a commandé au même Castelbajac un ensemble de nouveaux vêtements liturgiques…

11

En 2021, Andrea Riccardi publie, sous le titre *L'Église brûle*, un essai sur l'avenir du christianisme et il part du motif de la cathédrale incendiée. Il revient à l'effroyable sinistre de 2019 auquel le monde entier a assisté en direct, à l'embrasement et à la disparition de la flèche, « haute aiguille visible de loin », au désarroi d'une population pour qui « la cathédrale représentait une permanence solidement ancrée au cœur de la ville[1] ». Il analyse aussi la situation singulière de citoyens d'un État laïc qui, à l'occasion de cet épouvantable incendie, se sont découvert un lien avec un symbole religieux.

L'ouvrage de Riccardi a le mérite de replacer cet événement dans un cadre plus large qui est celui d'une évidente déchristianisation : il pointe ainsi les scandales liés à la pédophilie de certains prêtres et religieux, l'atteinte portée au prestige des clercs, la baisse constante de la pratique religieuse en Europe, l'inquiétant tarissement des

1. Andrea Riccardi, *L'Église brûle, crise et avenir du christianisme*, Éditions du Cerf, 2022, p. 7.

vocations sacerdotales. Dans ce contexte difficile, la tentation est grande, selon la formule d'Olivier Roy, de privilégier la « patrimonialisation culturelle de la cathédrale au détriment de sa fonction cultuelle[1] ».

Au-delà de cette catastrophe, Andrea Riccardi élargit le propos et s'interroge : ne serait-ce pas l'Église, en tant que corps mystique du Christ, qui brûle ? où sont passés les enthousiasmes et les élans ? qu'en est-il de la ferveur ? Une réalité douloureuse se fait alors jour, et il ne s'agit pas de l'éluder ou de la nier : le christianisme est un fait de civilisation périssable, il peut s'effacer de la surface de la terre et ce que nous vivons aujourd'hui n'est peut-être que le prélude d'une crise plus grave et plus profonde encore.

Riccardi cite ainsi les mots prémonitoires du si tourmenté Paul VI, dans une déclaration qui date de 1972 : « On croyait qu'après le Concile, il y aurait une journée ensoleillée dans l'histoire de l'Église. Il est venu à la place une journée de nuages, de tempête, de ténèbres, de recherche et d'incertitude[2]. »

Benoît XVI ne dira pas autre chose lorsque, revenant sur l'enthousiasme suscité par Vatican II, il constate que la grâce libératrice de l'Évangile s'est flétrie, que le filet de Pierre contient aussi de mauvais poissons, que la fragilité humaine est également présente dans l'Église dont le vaisseau navigue face à des vents contraires et prend eau de toutes parts…

Le propos de Riccardi ne verse pas exclusivement dans cette déploration déprimante et sa très vive lucidité n'occulte jamais les ressources de l'espérance. Pour lui,

1. *Ibid.*, p. 13.
2. *Ibid.*, p. 22.

« un peuple qui revient chanter dans les églises, et qui retrouve dans la crise la capacité de se réjouir et de pleurer, n'est plus dans la zone d'ombre du couchant ; il s'éveille aux fragiles lueurs de l'aurore du jour qui vient[1] ».

Il n'empêche que le tableau sans nuances qu'il a brossé ne peut que nous replonger dans la noirceur des braises éteintes… Et, évoquant le cas particulier de la France, il a fondé sa démonstration sur le constat sans appel que livre Jérôme Fourquet dans *L'Archipel français*[2].

À en croire l'analyste politique, expert en géographie électorale, si l'implacable érosion en cours se confirme, 2048 pourrait être l'année du dernier baptême, 2031 celle du dernier mariage catholique et 2044 pourrait marquer la fin de l'ordination de prêtres en France. Fourquet parle, sans fard et sans doute à juste titre, du grand « basculement anthropologique » qui se dessine et il désigne quelques signes précurseurs de l'effacement du christianisme dans les modes de vie contemporains : le recours croissant à la crémation qui remplace l'inhumation traditionnelle, la prolifération et la banalisation des tatouages sur un corps humain autrefois sacré, une sexualité de plus en plus affranchie des règles et des exigences de la morale chrétienne…

Je préfère sans conteste l'optimisme, certes mesuré, de Riccardi, pour qui l'Église en flammes peut renaître de ses cendres et même annoncer l'Évangile avec une vigueur renouvelée, au tableau glaçant, et presque désespéré, du

1. *Ibid.*, p. 323.

2. Jérôme Fourquet, *L'Archipel français*, Éditions du Seuil, coll. « Points », 2020, p. 57-107.

politologue de l'IFOP. Mais, à la suite du pape hamlétique, je ne peux m'empêcher de voir dans les cendres de la cathédrale détruite – même si, je tiens à le redire, cet incendie a, pour moi, une origine uniquement accidentelle et qu'il me paraît aventureux de céder à une lecture forcée des signes – quelque chose des nuages, des tempêtes et des ténèbres que nous traversons.

12

J'imagine qu'il y a rue Barbet-de-Jouy, dans l'hôtel Gautier de Rambuteau où résident les archevêques de Paris depuis 1913, une galerie des portraits de tous les prélats qui ont reçu la charge de ce diocèse. Je n'ai pas oublié celle de l'archevêché de Rennes que me montrait, au milieu des années 1980, mon compatriote finistérien Jacques Jullien. J'avoue raffoler de ces cardinaux pourprés portant barrette, mozette et rochet de dentelle qui ravivent en moi une fascination surgie de l'enfance, celle du grand cardinal d'État, l'impressionnant Richelieu saisi, en pied et comme avec une fleur sanglante au bout de sa main osseuse, sous le pinceau de Philippe de Champaigne.

Ce n'est pas une telle épiphanie que je voudrais évoquer ici, c'est une tout autre apparition, moderne, sans apparat, sans apprêt, celle de Mgr Jean-Marie Lustiger, auréolé de l'éclat de sa cinquantaine et d'une actualité heureuse, non pas dans le cadre doré d'un portrait officiel mais dans celui plus banal des « étranges lucarnes », en l'espèce le journal de 20 heures, le 2 février 1981, jour de la Présentation de Jésus au Temple et jour, surtout, où le Vatican a rendu public, enfin, le nom du nouveau titulaire du siège parisien.

Celui qui était, il y a quelques heures encore, l'évêque d'Orléans, est l'invité d'honneur de Patrick Poivre d'Arvor sur Antenne 2 et la chose paraît inconcevable aujourd'hui : un archevêque de Paris invité du journal télévisé de 20 heures, on croit rêver…

C'est un homme plein de vie et de foi qui apparaît, les cheveux en brosse, bien coupés, le verbe clair et vif, l'élocution facile, fluide, directe, sans chichis, sans détour. Le successeur du cardinal Marty, démissionnaire depuis dix-huit mois, s'exprime en duplex d'Orléans, ville qui compte pour lui puisque c'est là qu'il a été baptisé par Mgr Courcoux, évêque oratorien et ancien curé de Saint-Eustache.

PPDA, dans le sillage de Vatican II, donne du « mon père » au nouvel archevêque. Il l'interroge sur son identité fondamentale et le prélat n'élude rien : oui, il est juif, solidaire de ses frères mais ce qu'il nomme « un chemin secret et personnel », à travers la lecture de la Bible et plus particulièrement du Nouveau Testament, l'a conduit jusqu'au baptême. Le propos est tout sauf anecdotique : il s'agit d'aimer les hommes et de les servir pour la justice en union avec le Fils du Père des Cieux et sans avoir peur de perdre sa vie, sans craindre le martyre. Il faut dire que le journal d'Antenne 2 s'est ouvert, ce soir-là, sur le témoignage bouleversant d'une fillette du Salvador racontant l'assassinat de son père, sous ses yeux innocents.

« Pourquoi ? » demande Mgr Lustiger qui n'a pas peur de désigner le mal à l'œuvre dans le monde. D'Arvor, comme le surnommeront plus tard les humoristes de Canal+, est séduit par le ton et la puissance de cet homme qui crève littéralement l'écran – les téléspectateurs aussi, qui téléphoneront au standard de l'A2 pour dire leur surprise et leur joie –, il souligne sa jeunesse ; l'autre, avec un immense sourire, réplique que ce n'est qu'une apparence... Le courage, la puissance et la volonté de celui qui sera l'archevêque de l'an 2000 sont patents.

Dans quelques minutes, interrogé par Philippe Harrouard qui avait annoncé à la France la mort de Pompidou le 2 avril 1974, Mgr Marty – dont on sait que Lustiger, l'ombrageux et indomptable curé de Sainte-Jeanne-de-Chantal, était tout sauf son favori – dira, avec une bienveillance feinte et un brin de roublardise aveyronnaise, que le nouvel élu est un « homme très spirituel et très apostolique ».

C'est bien plus, c'est un bulldozer, un bouillant, un caractériel, un autoritaire qui déteste qu'on lui résiste, un bourreau de travail, un mystique insomniaque que rien n'arrête, un homme prompt à user ses secrétaires et à les réveiller en pleine nuit parce qu'il a une idée géniale et que la moisson – donc l'exécution de son projet – ne saurait attendre.

C'est, surtout, un véritable fils de son époque qui a compris l'instrument magnifique que peut être la télévision. Pour lui, l'Église n'est pas une force comme les autres, elle n'a pas à se mêler au jeu politique – on est, en cette fin d'hiver, en pleine compétition présidentielle et, sous le giscardisme usé, affleure déjà, comme ce sera le cas au soir du 10 mai, le visage de l'homme à la rose, ce fils de la Saintonge façonné par le climat plus rude de la Nièvre – mais elle ne doit pas non plus se retirer du monde, de peur de souiller sa blancheur d'hermine.

Choisi par Jean-Paul II, le futur cardinal Lustiger – il le

sera le 2 février 1983 – est en France le bras armé du pape polonais. L'affront du Bourget est lavé, le temps des éminences bonasses et molles révolu : ils sont finis les jours de la fadeur, de l'attentisme et de la démission postconciliaire. Le cardinal juif, celui qui a fait le choix de Dieu, ne craint rien. Le choix, aussi, de sa devise épiscopale est éloquent : *Tout est possible à Dieu* (Matthieu XIX, 26 ; Luc I, 37).

Il fera son entrée le 27 février 1981 dans Notre-Dame, en projetant devant lui l'ombre d'une immense croix. « Deux papes, dira-t-il dans son homélie, ont voulu que leur bâton de pasteur ait la forme d'une croix. À mon tour, j'ai voulu que la croix nous précède et nous guide. Entrant dans cette cathédrale, je vous ai montré en avant de moi ce bois vivant de la croix, comme un signe du Seigneur au-devant de nous. C'est lui qui nous crée comme un peuple purifié par le bois de la croix[1]. »

Cette crosse cruciforme, due à Jean Touret, sera l'emblème du cardinal. Elle l'accompagnera toujours. Elle est loin d'avoir la grâce de la férule de Paul VI et de Jean-Paul II mais elle est l'arme de ce prophète singulier qui dirige désormais, d'une main de fer, l'Église qui est à Paris ; elle est le signe de ce prophète tourmenté et ardent, heurté par l'action permanente du mal, par ce monde qui ne cesse de gémir au pied de la croix glorieuse, de ce prélat habité par l'urgence de l'évangélisation et la nécessité d'appeler sans cesse les hommes à la sainteté et à la conversion.

1. Paroles citées par Henri Tincq in *Jean-Marie Lustiger, le cardinal prophète*, Grasset, 2012, p. 111.

Pour Jean-Marie Lustiger, pour l'orphelin d'Auschwitz, l'histoire, tragique, du monde, tout spécialement celle du XXe siècle, est indissociable de la croix et tous ses chemins se déploient à l'ombre du Calvaire. Comme chaque vendredi saint à Montmartre, le cardinal archevêque de Paris, l'air sombre et bouleversé, n'en finit pas de porter le bois sanglant du supplice du Christ.

*

Il a tenu à ce que les fidèles et les visiteurs de Notre-Dame se souviennent de lui et il a voulu que ces lignes soient gravées sur une plaque apposée dans le déambulatoire de la cathédrale qui fut la sienne pendant vingt-quatre ans, non loin de la crypte où il repose et où il avait fait restaurer les cercueils de ses prédécesseurs abîmés par les ans et l'humidité :

> Je suis né juif. J'ai reçu le nom de mon grand-père paternel, Aron. Devenu chrétien par la foi et le baptême, je suis demeuré juif comme le demeuraient les Apôtres. J'ai pour saints patrons Aron le Grand Prêtre, saint Jean l'Apôtre, sainte Marie pleine de grâce. Nommé 139e archevêque de Paris par Sa Sainteté le pape Jean-Paul II, j'ai été intronisé dans cette cathédrale le 27 février 1981, puis j'y ai exercé tout mon ministère. Passants, priez pour moi.
>
> † Aron Jean-Marie cardinal Lustiger Archevêque de Paris.

La fin du texte a presque des accents chateaubrianesques… Pourtant, sous la Coupole, le cardinal n'occupa pas le dix-neuvième fauteuil, qui avait été celui du solitaire du Grand Bé, mais le quatrième, où il venait après Heredia, Barrès, le maréchal Juin et Pierre Emmanuel. Jusqu'à la fin, il s'est senti étranger quai de Conti mais il fallait trouver un successeur au primat des Gaules, Albert Decourtray.

Michel Déon me confiait que, pris par sa charge épiscopale et sa mission de témoin du Christ qui comptait pour lui plus que tout, l'archevêque s'y faisait rare et, quand il apparaissait, il était toujours muni d'une petite mallette noire, ce qui faisait malicieusement dire à l'auteur des *Poneys sauvages* qu'il devait être prêt à donner l'extrême-onction à l'un de ces grands vieillards qui peuplaient l'Académie…

13

Les violences de l'Histoire, les variations et les intermittences esthétiques l'ont éloigné de Notre-Dame et pourtant je tiens que c'en est un fleuron. D'autres œuvres, d'autres statues ont capté l'attention, de la Vierge du pilier à celle de la porte Rouge, mais lui, on l'a oublié, on l'a écarté, on lui a même imposé une translation sur l'autre rive de la Seine, loin de la cathédrale où il avait sa place, où il aurait encore sa place…

Il a été déposé et déplacé dès la Révolution et on se demande bien ce qui a justifié un tel exil muséal.

Serait-ce ce subtil et magnifique mélange de grâce et de fragilité, cette nudité offerte, cette pureté adolescente qui ne cadre pas avec la représentation que l'on se fait de l'Homme originel, Adam (en hébreu « אדם», du mot « אדמה», la terre et أدم *en arabe), le premier humain, façonné par Dieu au sixième jour de la Création du monde, à partir d'un peu de poussière terreuse modelée à Son image et animée de Son souffle ?*

C'est vrai que l'on imagine volontiers l'Adam primitif, glaiseux, solide, rustique en son jardin, avec sa femme extraite de son corps, littéralement tirée de lui, chair de sa chair et os de ses

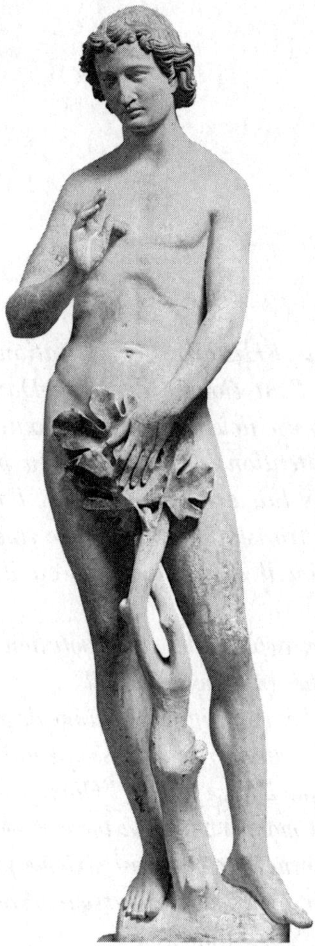

os, cet Adam soumettant les animaux, sûr de sa fécondité, gardien et cultivateur de l'Éden.

Rien de tel ici ! Sculpté vers 1260 dans un bloc de calcaire parisien, certainement par Pierre de Montreuil, le futur doctor lathomorum, *et couvert, à l'origine, de polychromie, c'est un éphèbe que l'on admire, tout en courbes et contrecourbes, sensuel, gracile, pudique avec sa main gauche délicatement posée sur sa vérité…*

Se trouvait-il dans le bras sud du transept comme le prétendent les spécialistes ? Esquisse-t-il, de sa main droite, un geste d'avertissement à l'intention des clercs qui empruntaient cette porte, pour leur rappeler sa faute et son rachat par le Nouvel Adam, le Christ disposé tout en haut du portail, donc au-dessus de lui ?

Peu importe. Il est aujourd'hui, à la naissance de la montagne Sainte-Geneviève, au musée de Cluny, tout près de la Sorbonne et de la chapelle funéraire de Richelieu. C'est un joyau, une incarnation de la grâce statuaire, mais Adam n'est pas saint et, à ce titre, il n'appelle pas la prière. Et pourtant ! Reconnaissons que cet Adonis chrétien mérite assurément une autre forme de dévotion…

P.-S. J'ai voulu revoir le bel Adam dans son écrin récemment rénové. Plus que la tapisserie de la Dame à la licorne, ce qui m'attire dans ce lieu, c'est cette étonnante Vierge ouvrante en bois de tilleul qui m'apparaît comme une miniature de la statue de Notre-Dame du Mur qu'abrite l'église Saint-Mathieu à Morlaix. Je ne l'avais pas revue depuis des lustres mais je contemple surtout aujourd'hui, comme jamais, Adam en beauté et en majesté.

Le profil, la main droite comme portée par un pivot, l'émouvant dessin des côtes et celui des boucles de la chevelure, les infimes traces de polychromie, tout est d'une grâce infinie et l'on se dit que

Pierre de Montreuil méritait pleinement son titre de « docteur des pierres ».

Adam n'est pas seul, il surgit au milieu d'un cimetière lapidaire, d'un ensemble de corps décapités et de têtes mutilées… Ce sont les fameux rois de la grande galerie de Notre-Dame ; le cartouche laisse planer une incertitude quant à leur véritable identité, figures du lignage de la Vierge, c'est-à-dire rois de Juda, ou monarques français…

Tout cela a peu d'importance. Ce qui compte, c'est de constater de visu la barbarie révolutionnaire, les coups de massue et de burin qui ont brisé les couronnes, cassé les nez, saccagé bouches et barbes… D'un côté, l'épiphanie d'Adam, intact et comme miraculé ; de l'autre, les patriarches défigurés…

J'avoue être resté un long moment au pied de ces reliques minérales, dans cette étrange lumière mouillée de novembre, fasciné par le contraste entre la beauté native, presque italienne, de l'éphèbe et l'horreur de ces visages abîmés qui lui font face, les stigmates inscrits dans le calcaire d'une violence aveugle et sans frein : celle qui détruit, mutile, anéantit, poussée par une seule force, la haine ; celle qui apparaît déjà dans l'évocation du Serviteur souffrant chez Isaïe ; celle qui frappe et humilie le Christ, tue les rois mais aussi tous les faibles, tous les asservis, tous les proscrits, tous les déportés de l'Histoire…

14

Lorsqu'on évoque le chantier de Notre-Dame, c'est évidemment aux murs et à la charpente que l'on songe instantanément, mais dans l'émotion populaire, la « forêt » a pris le pas sur les pierres. Consumée le 15 avril 2019, elle était l'une des charpentes gothiques les plus importantes conservées jusque-là. Fort heureusement elle n'a pas entièrement disparu mais dix mille pièces de bois ont été entamées par les flammes.

On entre là vraiment dans le mystère des bâtisseurs et il y a tout un lexique qui est la spécificité de ces métiers fascinants. Ainsi les charpentes sont constituées par tout un ensemble de structures triangulaires que l'on nomme les *fermes* ; chaque *ferme* porte un nom singulier : les chevrons, qui vont dans le sens de la pente de la toiture ; l'entrait, qui est à la base du triangle ; les faux entraits, en hauteur, et le faux poinçon, formant un axe de symétrie vertical. Les chevrons, les entraits et les poinçons sont confectionnés d'un seul tenant, ce qui veut dire qu'ils proviennent d'un unique et même tronc.

Les hauteurs varient de neuf à douze mètres, mais les

arbres les plus élevés pouvaient atteindre les quatorze mètres. La construction de la « forêt » aurait nécessité l'abattage de près de mille chênes, coupés à des périodes différentes et issus d'aires géographiques diverses. Les hommes de l'art affirment ainsi qu'une grande partie de ces arbres viennent des forêts que le diocèse de Paris possédait en Île-de-France, les autres étant arrivés jusqu'à l'île de la Cité sur les eaux de la Seine, par bateau ou par flottage.

Le chêne serait le bois noble par excellence et il était, en effet, prioritairement utilisé hors des régions méditerranéennes et montagneuses. On pense ainsi que trois espèces ont servi à la confection de la « forêt » de la cathédrale insulaire : principalement les chênes pédonculés et sessiles, et de manière plus parcimonieuse, le chêne pubescent.

On croit aussi volontiers que ce sont des arbres très anciens qui constituent ces vénérables charpentes. Ils n'étaient, en fait, utilisés que pour quelques pièces d'exception, en particulier les poutres qui forment le tabouret de la flèche. Le bois des charpentes médiévales provient de chênes qui avaient moins de cent ans. Le bois jeune, plus vert, présentait des avantages : sa coupe était plus facile, et le séchage, contrairement à une opinion qui voudrait que les arbres eussent séché pendant vingt-cinq ans, parfois même après avoir été plongés dans l'eau, se faisait le plus souvent sur place et dans la charpente.

Les éléments les plus anciens de la « forêt » ont été façonnés à partir de troncs abattus aux environs de 1185, les premières célébrations dans le chœur ont eu lieu en 1183. Le coq est posé au sommet de la flèche de Viollet-le-Duc le 29 juin 1859 et l'on sait que l'arbre à partir duquel est taillée la sablière supportant ladite flèche a été abattu à l'automne de 1857 ou au cours de l'hiver de 1858 : c'était donc, contrairement à une idée reçue, un bois qui n'avait pas pu bénéficier d'un long temps de séchage. Les choses n'ont pas changé : les chênes dits de la restauration auront été coupés en 2021, soit deux ans seulement avant leur exploitation.

C'est une opération considérable qui a été lancée : quarante-cinq scieries, établies sur tout le territoire national, ont été sollicitées pour traiter les mille chênes nécessaires à la restitution de la charpente de la flèche et du transept.

Lorsqu'ils arrivent dans l'espace de la scierie, les troncs, non encore équarris, sont disposés dans le parc à grumes. Parmi les entreprises associées au chantier de Notre-Dame, on trouve la Scierie des Géants, implantée à Craon, dans la Mayenne. Elle est spécialisée dans la construction navale et les liens sont évidents entre la fabrication des carènes et celle de cette gigantesque coque inversée qu'est la charpente d'une cathédrale. Le métier de scieur s'apparente à un art et il exige une grande vigilance : dans le traitement des chênes, il faut être attentif aux défauts éventuels, les fentes dans le bois, les cœurs rouges, signe d'une oxydation, l'aubier qui peut être la cible d'insectes xylophages…

Métier exigeant, passionnant mais méconnu, moins pénible que jadis : ainsi les grumes sont déplacées par des grues, l'écorçage et le sciage assurés par des machines. Les départs à la retraite sont nombreux, la relève difficile…

Les charpentiers interviennent ensuite : ils ont la même exigence dans la pratique de leur métier, la même passion, le même respect du matériau qu'ils exploitent. J'aime ces mots de Rémy Desmonts, menuisier-charpentier, dans l'Eure, depuis l'âge de seize ans : « Je n'ai pas appris un métier, c'est un métier qui m'a appris le respect et l'humilité face à la matière et à être à l'écoute de l'outil[1]. »

Aujourd'hui, avec les ateliers Perrault basés dans le Maine-et-Loire – très exactement à Saint-Laurent-de-la-Plaine, là où, le jeudi 15 décembre 2022, le recteur de Notre-Dame a béni les grumes, les outils et les ouvriers travaillant sur la future charpente de la nef et du chœur – il est pleinement engagé dans cette restitution de la « forêt » médiévale. Il pratique l'équarrissage manuel en bois de brin, c'est-à-dire taillé dans le sens des fibres avec le cœur parfaitement au centre, pour éviter ensuite toute déformation.

Rémy Desmonts s'attaque au bois encore vert, à la hache, et en enlevant le moins de matière possible : « En travaillant ainsi, observe-t-il, nous respectons l'arbre et le fil du bois. » Pour ce faire, Loïc Desmonts, son fils – signe que ce beau métier repose encore sur l'initiation et la transmission – a commandé cinq types de haches chez des taillandiers du Haut-Rhin, du Gers, de l'Isère, d'Ille-et-Vilaine et de la Nièvre.

Cinquante haches nécessaires aux deux équipes engagées dans les opérations d'équarrissage, mais également, comme aux temps lointains de l'édification de la cathédrale, des ciseaux à bois et des fils à plomb.

Les pièces sont taillées, assemblées, et à Briey, en Lorraine, a été construit un immense atelier, avec ponts

1. « Charpentiers au fil du bois », in *La Fabrique de Notre-Dame*, n° 5, juin 2023.

roulants et portiques de manutention, qui abrite la future charpente de Notre-Dame. Trente ouvriers s'y relaient pour continuer la taille de la flèche et quinze s'affairent désormais, sur le chantier, au levage et au montage. Déjà, les premières *fermes* de bois vert et l'aiguille, alliance des vénérables techniques médiévales et des modèles numériques, sont arrivées au cœur de Paris, sur l'île de la cathédrale bientôt rétablie dans sa majesté.

L'aiguille est l'ultime élément constituant la flèche, la partie sommitale de l'ouvrage. C'est son dernier poinçon qui recevra la croix et le coq surmontant le sommet. Elle est constituée de cent soixante-dix pièces aux assemblages complexes et quatre-vingts mètres cubes de chêne auront été nécessaires à sa réalisation. Elle s'élèvera bientôt à quatre-vingt-seize mètres au-dessus du sol et sera l'emblème, fier et visible de tous, de la renaissance de Notre-Dame.

*

Après le bois, les pierres.

L'usure des ans les avait considérablement abîmées bien avant l'incendie. Ainsi la correspondante à Paris du quotidien italien *La Reppublica* intitulait, en décembre 2017, un article consacré à l'état déplorable de la cathédrale : « Notre-Dame tombe en morceaux[1] ».

Un peu plus tôt, cette même année, une dépêche de l'AFP détaillait un certain nombre de faiblesses de l'édifice : gargouilles rongées, vitraux en péril, flèche

1. In *Notre-Dame, une affaire d'État*, de Didier Rykner, Les Belles Lettres, 2023, p. 227.

sujette à de sérieuses infiltrations, ce qui menaçait directement la charpente. D'autres témoignages, à la même période, soulignent la fragilité des arcs-boutants et l'instabilité de plusieurs pinacles…

Ce sont les voûtes qui seront les premières victimes du sinistre d'avril 2019. En effet, plusieurs éléments de la toiture vont les crever, elles, ces splendeurs qui s'élevaient à une hauteur de trente-deux mètres et qui, fortes de leur noblesse, ont tenu alors que les brandons incandescents pleuvaient par l'oculus central : elles n'ont finalement pas résisté à l'effondrement des lourdes pièces de bois du tabouret de la flèche.

Pierres rongées, pierres noircies, pierres tombées : le spectacle est d'une désolation extrême. Par ailleurs, la structure même de l'édifice va s'en trouver menacée : certains arcs se sont ainsi relevés de quelques centimètres ; en plusieurs points, des pierres se sont même descellées et seules les opérations de cintrage, menées en 2021, sauveront le bâtiment de l'effondrement.

Avec ces pierres chues et blessées, on entre au cœur du chantier et au plus vif du mystère de l'édification de la cathédrale. Interviennent immédiatement des spécialistes, de véritables *inspecteurs des ruines*. Leur travail minutieux permet de saisir quelques secrets des bâtisseurs de Notre-Dame. On découvre ainsi que ces derniers ont utilisé un calcaire dur pour les arcs, une pierre plus tendre pour les voûtains et qu'ils avaient lié l'ensemble à l'aide d'un mortier de chaux aérienne d'une grande finesse de grain, c'est-à-dire d'à peine quelques millimètres.

C'est assez vertigineux et fascinant de pénétrer ainsi au plus intime de ces secrets de fabrique, et fort heureusement l'incendie a épargné les pierres. Quand on les considère de très près, on trouve même trace des marques des outils qu'utilisaient les bâtisseurs ; on en sait aussi un peu plus sur la position des tailleurs au travail et c'est soudain l'intimité d'un art qui se révèle. Si l'on observe d'un peu plus près encore, on peut analyser, au fil des ans, l'évolution des techniques, les progrès accomplis vers une plus grande rationalisation.

Ces signes gravés par les bâtisseurs disent l'histoire de la construction de la cathédrale, ils nous informent sur la manière dont l'ouvrier a conçu le bloc, l'endroit exact où il avait l'intention de le placer, la façon dont il voulait qu'il s'agençât avec les autres pierres, le sceau de sa rencontre avec la matière, tout comme pour le charpentier.

Au plus secret de la mémoire des pierres, c'est le mystère même de l'édifice qui apparaît ainsi, les *inspecteurs des ruines* et les reconstructeurs mettent leurs pas dans ceux de leurs devanciers anonymes. Nulle trace, en effet, sinon celles-ci, des ouvriers des origines. Rien, pas le moindre paraphe, aucune signature, aucun nom.

Les pierres sacrées ont résisté au désastre. Remontées, réajustées, rajeunies, elles ont vocation, de nouveau, à accueillir d'autres pierres, vivantes, à savoir les fidèles, les pèlerins et les visiteurs du monde entier. Puissent ces pierres vivantes et voyageuses, lorsqu'elles circuleront sous le haut voile minéral tendu par les belles voûtes restaurées, entendre, comme le disait saint Bernard, toutes les leçons que nous donnent les pierres : il est là le vrai mystère de la cathédrale.

*

Le bois, la pierre, le verre enfin.

Notre-Dame est une sorte de Jérusalem céleste encore éclairée par trois grandes « roses » du XIIIe siècle, au nord, à l'ouest et au sud. Celle du bras nord est la plus ancienne et la mieux préservée : on y voit la Vierge qui trône au milieu d'une constellation de rois, de prophètes, de patriarches et de grands prêtres de la Première Alliance. Celle du bras sud a connu plus de vicissitudes : à l'origine, elle devait représenter le Père éternel surplombant un ensemble de saints, d'apôtres, de vierges et d'anges mais, à cause de la fragilité de la maçonnerie, il a fallu procéder, à plusieurs reprises, à de nombreuses réparations, ce qui fait que cette verrière n'a plus grand-chose de son état originel. Le dernier à l'avoir restauré est Viollet-le-Duc qui en fit refaire la maçonnerie et demanda à Alfred Gérente, peintre-verrier, d'en restaurer les vitraux : c'est à ce dernier que l'on doit, entre autres, le Christ de l'Apocalypse de l'oculus central.

Quant à la rose occidentale, cachée en partie derrière le grand orgue, elle remonte à 1230 et figure le combat des vices et des vertus, les signes du zodiaque et les travaux des jours.

Ce que l'on nomme le « décor vitré » de la cathédrale a fait l'objet d'une restauration complète au temps de Viollet-le-Duc. Au siècle suivant, sous l'épiscopat du cardinal Verdier, douze artistes émirent le souhait de remplacer les grisailles des hautes baies de la nef par des créations nouvelles. On imagina, sous le contrôle d'un inspecteur général des monuments historiques, la création de grandes figures de saints illustrant les douze versets du *Credo*. Malgré une vive polémique, les vitraux furent posés, avant d'être déposés en 1939 et rendus à leurs auteurs. Dans les années 1960, on sollicita un nouveau maître-verrier, Jacques Le Chevallier, afin qu'il conçût des vitraux non figuratifs pour les fenêtres hautes de la nef, du mur ouest du transept et des tribunes. Cette fois, le cycle des travaux était bouclé.

Viollet-le-Duc classait ainsi les verres utilisés par les artistes du XIIIe siècle : les bleus, les jaunes, les rouges, les verts, les pourpres, les tons rares – au nombre desquels le mordoré, couleur vin d'Espagne, et le vert sombre –, les blancs. Si l'on entre encore un peu plus dans les nuances, on trouve le bleu limpide, légèrement turquoise, le bleu saphir mais verdissant, diverses valeurs du pourpre – du sombre, vineux, au très clair employé pour les carnations – le blanc jaunâtre, fumeux, le blanc gris, glauque, et le blanc nacré…

Là aussi les restaurateurs auront accompli un travail prodigieux – dépose des verrières, nettoyage et changement des verres, reprise des plombs – en faisant preuve d'un respect, d'un savoir-faire et d'une délicatesse qui forcent l'admiration.

Ces deux témoignages m'ont frappé. Celui de Claire Babet, d'abord, qui dirige à La Bourdinière-Saint-Loup, en Eure-et-Loir, l'atelier éponyme : « C'est un métier millénaire, confie-t-elle. C'est un métier où l'esprit, la main et le corps sont liés. Il faut être précis, réfléchir, posséder une grande sensibilité à l'art et à l'histoire. »

Flavie Serrière Vincent-Petit, restauratrice et peintre sur verre dans l'Aube, ne dit pas autre chose : « Entre la date de la création du vitrail et notre intervention, les strates temporelles se sont superposées. Nous intervenons dans ce "feuilletage" en essayant de comprendre, par la documentation, comment l'œuvre a été produite et comment elle a traversé les époques, non seulement sur le plan physico-chimique mais également d'un point de vue symbolique[1]. »

L'éclat, la couleur reviennent à Notre-Dame, la polychromie aussi. *Quand les cathédrales étaient peintes*, titrait jadis le regretté Alain Erlande-Brandenburg. La suie, non pas celle de l'incendie, celle du temps, a été dissoute et les chapelles latérales si tristes, si ténébreuses ont retrouvé une luminosité, une splendeur qu'on ne leur connaissait pas.

C'est tout le contraire de cette scène saisissante de *Fellini Roma* où l'on voit des fresques immémoriales disparaître sous l'effet corrosif de l'air d'une Ville éternelle polluée : ici, à l'inverse, comme dans la chapelle Notre-Dame-des-Sept-Douleurs ou encore dans la chapelle Saint-Ferdinand, une palette incomparable et un azur étoilé ressurgissent. Et l'on imagine ce que donnera la rose méridionale traversée par le soleil incandescent qui fait miroiter les eaux de la Seine…

Alors la cathédrale sera à l'image de la Jérusalem céleste, aussi claire que du verre. Et, comme dans la vision de saint Jean, on croira voir briller soudain les pierres précieuses de l'Apocalypse : le jaspe, le saphir, la calcédoine, l'émeraude, l'onyx, la sardoine, la chrysolithe, le béryl, la topaze, la chrysoprase, l'hyacinthe et l'améthyste…

1. In *La Fabrique de Notre-Dame*, n° 4, p. 64-65.

15

Malraux disait de l'aventure des formes artistiques qu'elle était un jeu incessant de métamorphoses. Il y a dans tout acte créateur la reprise, inconsciente ou assumée, de modèles et d'accomplissements antérieurs.

Viollet-le-Duc, lorsqu'il restaure Notre-Dame, n'échappe pas à cette règle. Ses créations reposent sur un substrat d'érudition : ainsi il étudie et reproduit les objets médiévaux, en particulier ceux découverts dans l'impressionnante collection du prince Soltykoff ; il constitue même des dossiers qui composeront son *Dictionnaire raisonné du mobilier français.*

Dans son abondante production, on trouve donc des figures et des invariants venus du Moyen Âge : la colombe des saintes huiles de Notre-Dame est inspirée par celle de Saint-Denis ; les *faldistoria* en bronze doré et velours, encore présents dans le chœur au moment de l'incendie, dérivent, on l'a vu, du siège épiscopal de la cathédrale de Bayeux ; les chandeliers du maître-autel croisent les motifs du pied de la croix de Saint-Omer et des candélabres de la cathédrale du Mans passés dans l'immense collection du prince Soltykoff; les armoires du trésor de Notre-Dame copient celles du trésor de la cathédrale de Noyon, et certains ont vu dans la grande croix de la mère des églises parisiennes, qui sera réalisée par Chertier, une reconstitution du crucifix d'or de Suger, dont Viollet-le-Duc avait consulté les descriptions.

En aucune manière, l'architecte n'est prisonnier des formes antérieures : il s'en inspire, il les mime mais jamais il ne les reproduit à l'identique. Le candélabre pascal de Notre-Dame est bien une création singulière et autonome, et le reliquaire de la couronne d'épines ne ressemble à aucune châsse répertoriée et connue.

Sans doute le génie créateur de Viollet-le-Duc explose-t-il avec ce superbe lutrin porté par de monstrueuses et tentaculaires fleurs d'aster, et qui conjugue rigueur dans la composition et abandon au fantastique. Il n'est pas audacieux de dire que cette pièce est sans doute le chef-d'œuvre d'un artiste que rien ne freine dans sa démesure : le lutrin donne, en effet, l'impression de s'envoler et tout est de nature à saisir les esprits, les bras proliférants des bobèches, l'aigle de saint Jean aux ailes déployées et qui semble surgir de *La Légende des siècles* plus que de *Notre-Dame de Paris*...

De la même façon, les rinceaux quasi reptiliens du candélabre pascal n'ont vraiment rien de médiéval et c'est bien le projet d'une œuvre originale, marquée du sceau de sa seule imagination, que Viollet-le-Duc confia à l'orfèvre et bronzier Placide Poussielgue-Rusand.

*

Rien ne prédisposait Guillaume Bardet à concevoir le nouveau mobilier liturgique de Notre-Dame. Et pourtant… Avant de découvrir ce qu'il aura dessiné pour la cathédrale – le baptistère, l'autel, la cathèdre et les sièges associés, l'ambon et le tabernacle – peu, sans doute, auront eu la curiosité d'explorer le parcours antérieur de l'artiste, rouennais de naissance, parisien ensuite, puis résident de Dieulefit – tout un programme ! – dans la Drôme, dont la lumière l'a conquis, tout autant que celle de Rome.

Parmi les réalisations précédentes du designer, deux méritent particulièrement qu'on s'y arrête. La première, c'est un ensemble d'objets, dessinés à la main avant d'être numérisés, pendant quatre saisons, du lundi 21 septembre 2009 au lundi 20 septembre 2010[1].

Ce sont, apparemment, des ustensiles du quotidien, théières, lampes, vases entonnoirs, géométries élémentaires, usinages manuels. Mais il y a déjà bien plus que la seule immanence utilitaire. Au fil des jours, on voit ainsi apparaître des compositions qui ne sont pas sans évoquer les bols ou les bouteilles de Morandi, cette blancheur nue et fascinante, des « semainiers floraux », des « miroirs de terre » qui semblent jaillir de la profondeur de la matière, des soliflores comme intégrés à des blocs de grès noir…

J'avoue avoir une prédilection pour le « miroir de terre n° 13 » du lundi 15 mars 2010, de grès également avec une patine métal et qui, comme son jumeau inventé la veille, avec sa bougie dont la flamme se reflète dans la concrétion polie, figure déjà une lampe de tabernacle.

Les centres de table imaginés à la même période, les « réceptacles » en forme de coupes monastiques, la série des urnes qui vient conclure le cycle – tout spécialement

1. Guillaume Bardet, *L'Usage des jours*, Bernard Chauveau Éditeur, 2012.

celles des 8 et 9 septembre 2010 – ont rompu toute amarre avec une stricte inscription dans l'horizontalité des jours, ils désignent autre chose, ils ont déjà une dimension pleinement artistique et même une vocation sacrée.

Le travail ultérieur est-il alors en germe ? On serait tenté de le dire. Une seconde étape préparatoire attend l'artiste, et c'est la conception et la fabrication d'une « installation » qui portera le beau nom de « La Fabrique du Présent. La Cène » et fera l'objet d'un premier dévoilement au couvent Sainte-Marie de La Tourette en 2017.

De quoi s'agit-il ? Rien de moins que d'une représentation plastique de l'ultime repas du Christ. Depuis le début des années 2010, Guillaume Bardet a continué son travail sur la matière ; en Italie, il s'est attaqué au marbre de Carrare et, dans la solitude de son atelier de Dieulefit, il a écouté des enregistrements radiophoniques où René Girard développe sa thèse du bouc émissaire.

C'est ainsi qu'il mûrit l'idée de « sa » Cène. Avec treize tabourets qui pourraient être ceux du Christ et de ses disciples, ce sera d'abord une authentique scène de banquet, banale et universelle. La table de la Cène aura d'ailleurs les dimensions exactes de celle d'un simple festin amical et vespéral auquel il a assisté un beau jour d'été.

Le designer imagine également la vaisselle, les gobelets de ce qu'il voit comme une sorte de « repas perpétuel » ; il conçoit aussitôt les sièges qui figureront autour de la table, en tout premier lieu ceux de Jésus et de Judas.

C'est à la fonderie de Crest que les pièces vont prendre une autre apparence. Chaque début de semaine, Guillaume Bardet assiste à la coulée du bronze dans le moule et ce processus, quasi alchimique, le subjugue littéralement.

La ciselure et la patine, qu'il pratique lui-même, n'ont bientôt plus de secrets pour lui. Ainsi, il va passer des heures à polir son immense table coulée en six morceaux : elle pèsera neuf cents kilos et se déploiera sur près de cinq mètres. Arrive le printemps 2019 et la présentation à la Galerie kreo, rue Dauphine, de cette Cène, déjà montrée mais en cire, en 2017.

Sur les bords de Seine, venue de la Drôme lointaine, on peut alors admirer une curieuse table noire, irrégulière et massive, à la surface lisse et aux reflets mordorés, soutenue par trois pieds et entourée de treize tabourets noirs. Sur le plateau du « repas perpétuel », des ustensiles noirs aussi, comme cabossés, avec des éclats dorés, et, au-dessus, une énorme lampe qui vient couronner cette étrange et ténébreuse nature morte, ce monolithe de bronze vide de toute présence humaine – cette table désertée.

On lirait dans un roman la chose qui va suivre, on se pincerait en criant à l'invraisemblance ou au destin que l'on force, mais dans celui de Notre-Dame tout est possible, tout est sous le signe de la grâce.

Au soir du 15 avril 2019, Guillaume Bardet n'est pas à Dieulefit, il se trouve rue Dauphine, dans sa galerie parisienne, pour présenter la Cène et il va voir, des quais, brûler la cathédrale.

Il assiste sidéré à l'incendie, à la disparition de la « forêt ». Il a pris trop de distance avec la foi pour prier et se mêler au concert des fidèles éplorés et des curieux. Mais le drame le dévaste et il ne cache pas sa surprise lorsqu'un des visiteurs de la galerie lui dit que sa Cène, son repas perpétuel avec table et sièges de bronze, conviendrait parfaitement au chœur de la cathédrale rebâtie.

L'idée va cheminer en lui et, quand vient le moment de présenter sa candidature au concours lancé par l'archevêque, il répond présent : il sera un des soixante-neuf candidats.

Le 3 janvier 2023, il est un des cinq retenus par Mgr Ulrich : il a jusqu'à la fin du mois de mai pour penser et peaufiner son projet. Jusque-là il a remis une sorte de déclaration d'intention, le cahier des charges est des plus stricts et l'impérieuse nécessité de la « noble simplicité » demandée par le concile Vatican II fermement rappelée.

Le vrai travail commence et il prendra la forme d'une retraite. L'artiste s'isole dans son atelier, il n'écoute rien du bruit du monde, il médite la conception d'un ensemble qui sera disposé en une belle perspective : le baptistère se verra dès l'entrée ; l'autel prendra place au centre de la croisée ; on installera la cathèdre, qui est la marque de la présence épiscopale, au nord – mais qu'est-ce qu'un siège d'archevêque quand on a déjà imaginé celui du Christ et de Judas ! – et l'ambon au sud, près de la Vierge du pilier. Quant au tabernacle, il sera déposé tout au fond du chœur des chanoines, sur l'autel de Viollet-le-Duc.

Déjà il se montre extrêmement attentif aux détails. Avec ses vagues nettement marquées, le couvercle du baptistère, duquel jaillit une croix, évoquera l'eau lustrale ; une autre croix, en transparence, creusera le dossier de la cathèdre qui devra avoir une certaine majesté sans pour autant s'apparenter à un trône.

Le temps de l'autel cubique et hébraïque de Touret semble révolu : les autorités ecclésiastiques veulent un modèle moins vertical, plus convivial, plus ouvert aux commensaux, plus à même d'accueillir des concélébrants qu'au temps du cardinal Lustiger qui, au moment de la consécration et de l'élévation, tenait à être absolument seul, dans la position et le rôle du Grand Prêtre…

Bardet aurait aimé que l'autel, comme la table de sa Cène, fût porté par un tripode, symbole de la Trinité : ses interlocuteurs souhaitent un bloc massif que le designer élargira et évidera finalement pour lui donner plus de grâce. Il prévoit bien sûr une niche dans le bronze pour abriter les rituelles reliques.

Mais ce qui retient plus encore son attention, c'est le tabernacle, en forme de tente noire, avec une cavité aux parois recouvertes de feuille d'or. Plusieurs formats sont expérimentés et, afin de signaler la Réelle Présence, une lampe est imaginée, un peu comme pour les « miroirs de terre », c'est-à-dire les essais prémonitoires de 2010…

Les pièces doivent être belles et symboliques, elles peuvent être contemplées et admirées par les fidèles et les visiteurs lorsqu'elles ne *servent* pas mais ce sont avant tout des objets sacrés dont la vocation primordiale est d'exprimer le mystère. Et le bronze semble être le matériau idéal : selon la formule de Guillaume Bardet, c'est une véritable « coulée tellurique[1] », il surgit et entre en résonance avec les pierres de la cathédrale insulaire.

Guillaume Bardet a rendu sa copie. Ce mois de juin 2023, il est à Hyères pour un jury – quelques heures avant, il est même tombé de sa moto – lorsqu'il apprend qu'il lui faut être à Paris dès le lendemain matin : c'est son projet

1. Entretien avec l'auteur le lundi 27 novembre 2023.

qui a séduit l'archevêque, assisté, pour l'occasion, d'un comité artistique [1].

Mgr Ulrich justifiera sa décision par ces mots : « Le matériau choisi, le bronze, entre dans un dialogue franc avec l'édifice de pierre, c'est le premier saisissement. Puis s'impose la lisibilité de chacune des pièces : le surgissement du baptistère dès l'entrée dans la cathédrale ouvre la porte du mystère du Christ ; et le bloc de l'autel, comme une pierre issue de la terre pour le sacrifice, s'apprête en une table fraternelle pour le repas du Seigneur [2]. »

L'homme est simple, direct, chaleureux et passionnant à suivre lorsqu'il évoque, avec force détails, son travail sous le signe du silence et du retrait, les maquettes de cire, les moules en cours de fabrication dans sa fonderie de Crest dans la Drôme, l'intérieur de la cuve baptismale qui aura un effet de poli miroir, la forme et la hauteur de l'autel pesant près d'une tonne, la rotation des portes du tabernacle, les candélabres, la vaisselle liturgique et même le vase pour les fleurs placées au pied de la Vierge du pilier, qu'il lui faut aussi concevoir.

Je lui demande s'il devra imaginer, pour l'archevêque, une crosse assortie à l'ensemble mais, à cette heure, la commande ne lui a toujours pas été passée.

Guillaume Bardet me confie encore avoir été ébloui par

1. Entouraient l'archevêque, dans ce comité, Mgr Ribadeau Dumas, le chanoine Henry de Villefranche, le père Maxime Deurbergue, le frère Marc Chauveau, le général Georgelin, Jean-François Hébert, Christopher Miles, Marie-Hélène Didier, Philippe Villeneuve et Caroline Morizot.

2. Dans la préface du dossier remis à la presse le 23 juin 2023, sous le titre « Les quatre chantiers du diocèse de Paris pour l'aménagement intérieur de la cathédrale Notre-Dame de Paris ».

la beauté et la clarté de l'intérieur de la cathédrale lorsqu'il l'a découvert et s'amuse d'avoir dû, pour l'occasion, se déshabiller entièrement avant d'enfiler une combinaison spécifique… C'est simplement l'usage, presque initiatique, imposé à tous les ouvriers et les visiteurs du chantier.

De formation chrétienne – il parle avec émotion de sa grand-mère protestante convertie au catholicisme –, il reconnaît avoir, au hasard des ans, « laissé tomber tout cela » mais on le sent très respectueux du mystère et pleinement habité par l'exigence de la haute mission qui est la sienne.

Cependant, ce sérieux ne l'empêche pas de rire et de rapporter, non sans malice, la remarque saugrenue d'une fonctionnaire de la Rue de Valois qui, au cours d'une réunion, disait voir, dans le reliquaire que Sylvain Dubuisson destine à la couronne d'épines, une sorte de mantra alors que l'artiste s'est inspiré des roses du transept…

Dans la cathédrale en train de renaître, les figures naissent donc encore de motifs antérieurs mais elles n'obéissent plus exclusivement à un jeu de métamorphoses et de reprises érudites : commandées par la « noble simplicité » du concile et le *génie du lieu*, elles semblent jaillir de la terre et la coulée du bronze qui se fige, en leur donnant forme, se mue en une sorte d'expression chthonienne…

16

Vendredi 8 décembre 2023

Dans un an, si tout se passe bien, la cathédrale sera rendue à son archevêque, à son chapitre et à ses diocésains, aux visiteurs de France et du monde entier – on préfère désormais ce mot à celui de « touriste » – qu'on évalue entre quatorze et quinze millions.

Je regarde, sur LCI, la visite de chantier qu'effectue le président de la République. On sait qu'il suit l'affaire de très près. Accompagné de son épouse, du ministre de la Culture et de l'ancien second du général Georgelin devenu le premier, Philippe Jost, casqué, botté, plus roi républicain que jamais, Emmanuel Macron va monter tout en haut de la flèche, là même où, dans quelques jours, seront replacés le coq et la croix. La cathédrale, on le sait, est vraiment entrée dans le domaine particulier du président, c'est sa chose, il la parcourt un peu comme chez lui, heureux sans doute de constater que son pari fou et prodigieux sera tenu : selon son désir et sa décision, Notre-Dame sera relevée en un peu plus de cinq ans !

Un roi républicain se doit d'être fidèle et Macron a tenu à ce que soient inscrits, dans le bois de la flèche, le nom et les dates de celui qui fut son « représentant spécial ». Il gravera lui-même le N final de GEORGELIN.

Pendant ce temps, sur le plateau de LCI, une médiéviste de renom rappelle que les rois de France n'ont, eux, jamais suivi les chantiers des cathédrales tandis qu'un journaliste, un brin fielleux, ironise sur la personne de feu Jean-Louis Georgelin et minimise l'ampleur de son action. Ce travers de l'époque à brocarder et à céder au dénigrement permanent me révulse…

Redescendu de l'échafaudage sommital, le président, entouré, cette fois, de l'archevêque et du recteur, improvise une petite conférence de presse. Tout près de lui, des archéologues fouillent encore des cavités et les fondations sous le pavage de la nef. Il annonce la création de nouveaux vitraux, côté sud, en lieu et place de verrières dues à Viollet-le-Duc, et l'ouverture, dans les locaux de l'Hôtel-Dieu, d'un musée consacré à l'œuvre de Notre-Dame et où sera exposé, entre autres choses, le coq tombé le soir du sinistre.

Il parle avec aisance et autorité, balaie d'un revers de la main les critiques de ceux qui l'accusent de déroger aux règles impérieuses de la laïcité, en appelle à la vertu de l'espérance et redit son admiration pour tous ceux qui ont relevé et restauré Notre-Dame et sa foi dans une France de bâtisseurs.

Le soir, j'assiste, à Saint-Germain-l'Auxerrois, aux vêpres et à la messe de la solennité de l'Immaculée Conception qui, à Paris, est la fête du chapitre cathédral et du séminaire.

Un important bataillon de séminaristes est donc présent, les dames d'œuvres en mantille noire aussi et les chevaliers du Saint-Sépulcre en cape blanche… Avec une telle assemblée et autant de faste, c'est la dernière célébration de l'Immaculée Conception en ces lieux. L'an prochain, Mgr Ulrich s'assiéra dans la cathèdre dessinée par Guillaume Bardet et la messe sera dite sur l'autel de bronze comme jailli de la terre.

À plusieurs reprises, dans son homélie, l'archevêque insistera sur la nécessité du combat contre le mal : à la lumière de l'Évangile de la Visitation qui vient d'être proclamé, il invite les fidèles à une *simplification* des cœurs et demande que, tous ces jours qui nous séparent du retour dans le berceau de la cathédrale, le diocèse de Paris prie pour les vocations, donc l'arrivée future, à Notre-Dame et dans les paroisses, de nouveaux ouvriers, pas manuels ceux-là…

Deux petits événements, au cours de cette très belle messe, resteront à jamais inscrits dans ma mémoire. Au tout début, alors que la longue procession se mettait en ordre de marche, le nouvel évêque auxiliaire ordonné le 17 novembre dernier à Saint-Sulpice, Mgr Emmanuel Tois, m'a montré sa croix pectorale, de forme celtique, qui est celle que portait un prélat essentiel dans ma vie et mon cheminement spirituel, l'ancien archevêque de Rennes, Dol et Saint-Malo, Mgr Jacques Jullien. Et, à la fin, souriant, mitré, crossé, et d'une carrure imposante, l'archevêque est venu vers moi, me confirmant que nous nous verrions le 20 décembre.

17

Notre-Dame, c'est évidemment l'espace de la liturgie, inséparable de la musique. Et la musique, c'est le chant et l'orgue. Fort heureusement le magnifique instrument a été épargné et, démonté, nettoyé, réinstallé, il devrait donner bientôt toute la mesure de sa puissance.

En effet, chaque élément de l'orgue, dont certains tuyaux mesurent plus de dix mètres, a été méticuleusement identifié, numéroté, protégé avant d'être mis en caisse et cela a exigé l'intervention de onze facteurs venus de toute la France. Et il ne faudra pas moins de six mois pour que, à l'issue d'un long travail d'harmonisation, la voix terrible et caverneuse de la cathédrale résonne de nouveau sous ses voûtes rajeunies.

Grâce à l'intercession d'un ami, lui-même titulaire dans une paroisse du Marais, j'ai eu la chance d'assister à une messe vespérale de la tribune. Ce soir de décembre 2013, c'est Philippe Lefebvre qui officiait, virtuose, concentré, presque lunaire. La vue sur la nef m'avait paru impressionnante, un peu moins celle sur le triforium, encombré d'objets divers, alors que, vides, ces galeries eussent été d'une beauté merveilleuse. L'ancienne clôture du chœur, à la suite des réaménagements de 2004, y avait même été déposée.

Mais j'avais été ému de voir, de part et d'autre de la console, conservés comme des reliques, les bancs d'orgue de Louis Vierne et de Pierre Cochereau. C'est sur ce banc, alors qu'il jouait, que Vierne a été frappé d'une embolie cardiaque le 2 juin 1937…

L'orgue encore, mais cette fois le 5 février 2019, deux mois et dix jours avant le drame, pour la messe d'enterrement de Jean Guillou à Notre-Dame, pas à Saint-Eustache.

En effet, l'immense organiste, l'improvisateur génial qui a régné, pendant plus de cinquante ans, sur la tribune de la cathédrale des Halles, a été poussé à la retraite dans des conditions peu élégantes, brutales même et donc très douloureuses. Sa famille en a conçu une profonde et tenace amertume et c'est pour cette raison que les obsèques seront célébrées par Mgr Chauvet à Notre-Dame.

Ce mardi de février, pour ses amis et ses admirateurs, ce fut une vive émotion de voir, dans une lumière printanière, au pied de l'autel de Touret et au milieu des fleurs, le lourd cercueil verni du maître…

Vive émotion aussi de lire en ces lieux, du vertigineux ambon de Duthilleul, le « tombeau » que m'avait commandé Suzanne Guillou, avec une vue surplombante sur la bière et l'assistance nombreuse… Au premier rang des officiels, Christophe Girard et Jean-François Legaret. Et pendant que l'orgue se déchaînait pour saluer celui qui fut si longtemps l'enchanteur du grand vaisseau du ventre de Paris, dont il louait volontiers la *verticalité sylvestre,* la vie de la cathédrale continuait, avec son flot ininterrompu de visiteurs et ses employés s'affairant à démonter la crèche…

18

Dans un vigoureux et très remarquable texte publié par *Le Figaro* le 16 août 1904, dans le contexte à vif de la séparation des Églises et de l'État, Proust n'annonçait rien de moins que la mort des cathédrales. « Supposez, écrivait-il, pour un instant que le catholicisme soit éteint depuis des siècles, que les traditions de son culte soient perdues. Seules, monuments devenus inintelligibles, mais restés admirables, d'une croyance oubliée, subsistent les cathédrales, muettes et désaffectées [1]. » Et il poursuivait :

> La cathédrale qui abrite tant de saints, de patriarches, de prophètes, d'apôtres, de rois, de confesseurs, de martyrs, que des générations entières se pressent jusqu'à l'entrée des porches, souvent suppliantes, angoissées, élevant l'édifice en tremblant sous le ciel comme un long gémissement, tandis que des anges se penchent en souriant du haut des galeries qui dans l'encens rose et bleu du soir et l'or éblouissant du matin apparaissent vraiment

1. Marcel Proust, *La Mort des cathédrales*, La Part commune, 2023, p. 11.

comme « les balcons du ciel », la cathédrale, dans son immensité, peut aussi bien donner asile au lettré qu'au croyant, au vague rêveur qu'à l'archéologue ; ce qui importe, c'est qu'elle reste vivante et que du jour au lendemain la France ne soit pas transformée en une grève desséchée où de géants coquillages ciselés sembleraient comme échoués, vidés de la vie qui les habita, et n'apportant même plus à l'oreille qui se pencherait sur eux la vague rumeur d'autrefois, simples pièces de musée, musées glacés elles-mêmes[1].

Lignes superbes ! Fort heureusement la triste prophétie proustienne ne s'est pas accomplie et Notre-Dame, ni muette ni désaffectée, demeurée lieu de culte et mère des églises de Paris, s'apprête à accueillir croyants, lettrés, vagues rêveurs et archéologues… Certes c'est un monument que cette foule innombrable va découvrir, après avoir patienté sur le parvis, trop minéral à mon goût, que la Mairie de Paris souhaite « végétaliser » pour offrir aux visiteurs plus d'ombre et de fraîcheur, mais aussi un sanctuaire où seront célébrés, à travers une liturgie exceptionnelle, les saints mystères.

Il m'avait été donné, par le passé, d'apprécier à sa juste mesure la liturgie propre à la cathédrale mais, ces dernières années, aux messes dominicales vespérales de Saint-Germain-l'Auxerrois, j'ai pu, plus encore, et de plus près, apprécier la rigueur, l'exactitude, la fluidité et la beauté aussi des offices.

Tout semble couler de source, sous l'autorité bienveillante d'un maître de cérémonies – le remarquable

1. *Ibid.*, p. 31-32.

Jean-Pierre Cartier, agrégé d'histoire et à ce poste depuis des lustres –, tout est réglé au millimètre près, le positionnement et les gestes, les attitudes et les déplacements des grands clercs stylés et obéissants comme des lévites ou des militaires…

Très souvent, j'ai observé avec ravissement cette chorégraphie parfaite, le caractère impeccable d'un rituel qui est avant tout un service.

Dans l'ancienne paroisse des rois de France, l'écriture du rite est incontestablement plus proche, donc plus aisément lisible qu'elle ne sera dans le vaste chœur de Notre-Dame, mais elle reste merveilleuse d'intelligence et de discrétion, elle ne se veut à aucun moment ostentatoire, spectaculaire : elle s'efface, elle est transparente, exclusivement vouée à la célébration d'un mystère qui nous dépasse…

Ce que l'on vient de dire des grands clercs, on peut aussi l'appliquer aux chanteurs de Notre-Dame, vêtus d'une aube bleue – dont la couleur ne m'a jamais transporté –, excellents dans l'exécution des cantiques et des chants, et parfaits également lorsqu'ils ont à se déplacer jusqu'aux avant-postes du chœur.

Oui, la vie de la cathédrale va reprendre, avec tous ses salariés aussi qui font tourner la machine, tous ceux qui nettoient l'édifice, cirent les stalles, autrefois si poussiéreuses, époussettent les chapelles latérales, préparent les offices en rendant matériellement possible l'accomplissement de la liturgie, veillent sur la sacristie, les ornements sacerdotaux, les calices, les ciboires et les réserves d'encens, surveillent les votives qu'allument les fidèles, canalisent et contrôlent le flot de visiteurs qui investira le grand vaisseau insulaire.

En ouvrant, en décembre 2024, Notre-Dame au public, on conclura le chantier de son relèvement ; la cathédrale, comme le dit si justement Maryvonne de Saint Pulgent, « sera éclatante de blancheur et de couleurs à l'intérieur, mais toute noire et cernée de béquilles de bois géantes à l'extérieur ». « Ses millions de visiteurs, écrit-elle encore, devront cohabiter pendant plusieurs années avec les personnels et les engins occupés à aménager le parvis, la réfection des jardins et leur réouverture devant en outre attendre la fin de la restauration du chevet et du flanc sud[1]. »

J'entends encore Mgr Chauvet évoquer ces pierres trouvées, à sa prise de fonction, sur le sol du jardin du chevet, cet arc-boutant rongé par le temps et la pollution parisienne ; je l'entends encore dire : « Avant l'incendie, pour Notre-Dame, l'urgence, c'était l'extérieur[2] ! »

Mais il convient, malgré tout, de se réjouir. Contrairement à ce que prédisait le pessimiste Marcel, la cathédrale n'est pas morte et, dans sa blancheur retrouvée, elle va revivre.

N'oublions pas, pour autant, tout ce qu'elle n'aura pas hébergé depuis le sinistre, ces moments importants dans la vie du pays et dans celle de l'Église, tout ce que l'on aura dû célébrer dans le gris froid de l'austère Saint-Sulpice : les obsèques de Jacques Chirac en septembre 2019, la messe à la mémoire de Benoît XVI en janvier 2023, les messes chrismales et les ordinations diaconales et presbytérales de

1. Maryvonne de Saint Pulgent, *La Gloire de Notre-Dame*, Gallimard, coll. « Bibliothèque illustrée des histoires », 2023, p. 34.

2. Entretien avec l'auteur, lundi 13 février 2023.

toutes ces années, l'ordination de Mgr Tois, évêque auxiliaire de Paris, en novembre 2023…

*

Un signe, le samedi 16 décembre 2023, aura marqué l'imminence de la réouverture de la cathédrale : le retour, dans le ciel de Paris, tout au sommet de la flèche, du coq emblématique.

Dans la tradition chrétienne, il annonce le retour de la lumière après une immersion dans les ténèbres ; il symbolise donc la renaissance et la résurrection. Et il est, de nouveau, dans le ciel de la capitale, entouré, au moment de sa bénédiction, par les mouettes de la Seine, chantantes et tournoyantes[1]…

Ce coq contient des reliques de Geneviève, sainte patronne de Paris, de Denis, premier évêque de Lutèce, et un fragment de la sainte couronne d'épines. Pour l'occasion, un procès-verbal a été établi et glissé à l'intérieur du coq : il atteste l'authenticité des reliques.

C'est Hyacinthe de Keranrouë, peintre héraldiste, qui a confectionné le document portant les armes de l'archevêque, et pas n'importe où, dans son atelier de Morlaix. Il ne me déplaît pas de savoir qu'il y a un peu de Bretagne, au centre de la valse des mouettes fluviales et océaniques, au sommet de Notre-Dame de Paris…

1. Détail livré par Mgr Ulrich, archevêque de Paris, dans son homélie du troisième dimanche de l'Avent, à Saint-Germain-l'Auxerrois, le 17 décembre 2023.

19

Il y a longtemps que je rêvais de franchir le seuil du 32 rue Barbet-de-Jouy, tout près des Invalides et du musée Rodin, des résidences de Romy Schneider, de Jean-Luc Lagardère et de Bernard Arnault aujourd'hui…

Selon le souhait de Mathilde Gautier, comtesse de Rambuteau, qui l'avait acquis en 1866, l'hôtel du même nom est devenu la résidence officielle de l'archevêque de Paris en 1912 ; depuis le cardinal Amette, qui s'y installa en septembre 1913, tous les prélats en charge de ce diocèse ont habité cette grande et haute demeure à la façade blanche, ornée de marquises, et Mgr Ulrich en est aujourd'hui le onzième occupant.

L'archevêque réside loin de sa cathédrale. C'est sous l'épiscopat de Mgr de Quélen que ce qui restait du palais archiépiscopal sis entre Notre-Dame et le petit bras de la Seine, et déjà mis à sac au cours des « Trois Glorieuses », fut totalement détruit le 14 février 1831. Depuis cette date, les archevêques vivent rive gauche ; on se souvient qu'ils occupèrent même, un long temps, l'actuel ministère des Affaires sociales…

Rien ne s'entend des bruits de Paris dans cette rue silencieuse, et la traversée de la cour pavée tient du rituel proustien… Pas de dalles mal équarries, une maison sobre et vide, tout juste apercevrai-je un bel escalier cohabitant avec un ascenseur vieillot ; un gros missel est déposé sur une crédence, ce qui laisse à penser que la chapelle est proche.

On m'introduit dans un petit salon jaune donnant sur le jardin qui semble peu profond ; au bout d'un sentier de gravier jonché de feuilles tombées, on devine une croix de pierre : de l'autre côté du mur, c'est déjà le lycée Victor-Duruy…

Une photo me revient à l'esprit, celle des cardinaux et des archevêques posant sur le perron du jardin à l'occasion de l'ACA[1] de 1952, les cardinaux Roques, Gerlier, Liénart, Saliège, en compagnie du nonce Angelo Roncalli, le futur Jean XXIII… C'était là !

Un peu en avance, Mgr Ulrich – que, symboliquement, j'ai souhaité voir en dernier parce qu'il sera le premier, dans la cathédrale rendue au culte, à célébrer à l'autel de bronze qu'il viendra tout juste de consacrer – entre dans la pièce où je patiente, élégant dans son costume sombre, affable et très souriant[2]. La présence, dans ce petit salon, de *La Grâce de Saint-Eustache* – album dont l'orchestration m'a naguère occupé – m'est apparue comme un signe heureux.

1. Assemblée des cardinaux et des archevêques français en vigueur de 1919 à 1964.

2. Entretien avec l'auteur mercredi 20 décembre 2023.

La conversation s'engage sans détour et, d'emblée, nous évoquons la bénédiction du coq samedi dernier : si la présence tournoyante des mouettes de la Seine m'a enchanté, l'archevêque se montre, lui, plus sensible à la clameur qui montait de la ville pour saluer ce retour de la flèche dans sa majesté.

Puis Mgr Ulrich parle des vitraux contemporains qu'il a commandés, il passe rapidement sur la polémique que cette initiative a suscitée, affirme que ces vitraux auraient naturellement leur place côté sud, où la lumière est plus vive, et dit s'en remettre au comité de sélection qui, *in fine*, décidera.

Il prend l'exemple des verrières commandées par le cardinal Verdier en 1935 et livrées près de vingt ans plus tard : le passage du carton au vitrail pourrait être plus long que la restauration de la cathédrale et cette durée risque fort d'agacer un président épris d'urgence…

Vient ensuite la question du mobilier liturgique. Quelques principes simples et nets ont guidé le choix de l'archevêque.

Contrairement à ce qui avait été imaginé un moment, il ne voulait pas d'un ambon placé devant l'autel, comme à Lourdes dans l'ensemble conçu par Goudji pour la basilique du Rosaire ; il désirait que l'ambon fût bien visible, installé sur trois marches – une suffira à sa cathèdre –, du côté de la Vierge du pilier, parce que le lieu à partir duquel on proclame la Parole est à ses yeux essentiel : c'est de là qu'on peut « bousculer le peuple de Dieu ».

L'ambon, l'autel, le tabernacle et le baptistère, voilà les quatre éléments primordiaux, et Mgr Ulrich se réjouit des propositions de Guillaume Bardet.

Il jugeait absolument nécessaire l'organisation d'un

concours, il voulait avoir une réelle marge de manœuvre – certains artistes s'étaient déjà mis sur les rangs, espérant sans doute ainsi coiffer la concurrence – et il paraît clair que, pour lui, l'autel de Touret, avec ses figures stylisées, son côté sombre et peu convivial, avait fait son temps. Il semble possible de le restaurer, confie l'archevêque, et il reviendra, dans une chapelle latérale de Notre-Dame ou une église parisienne, mais plus à la place qui fut la sienne et donc comme une relique de l'époque lustigérienne.

L'autel chthonien de Guillaume Bardet sera plus accueillant et l'officiant qui préside pourra s'y tenir, entouré de deux concélébrants. Oui, en matière d'esthétique religieuse et de liturgie, comme dans la conduite du diocèse, le temps de la figure solitaire et débordante d'autorité du Grand Prêtre semble bel et bien fini…

Je fais observer à Mgr Ulrich qu'ils ne doivent pas être légion les évêques à avoir été nommés puis installés sur leur siège, lors même que leur cathédrale était indisponible. Il cite le cas de Mgr Vilnet, nommé en 1964 à Saint-Dié (sa mère était originaire de cette ville qu'il connaît bien), où la cathédrale avait été dynamitée par les Allemands vingt ans plus tôt : la restauration dura près de cinquante ans…

Il évoque aussi Lille, Notre-Dame-de-la-Treille au vaisseau tronqué et inachevé, ce chantier qui s'étala sur tant d'années, avant que, pour fermer la nef, l'on ne décide d'ériger une paroi de marbre translucide et de commander à Jeanclos un admirable portail.

Je lui rappelle sa formule, à l'occasion de la Sainte-Geneviève, début janvier : « la cathédrale blessée… » Il rapporte encore le témoignage des pompiers, ce qu'ils ont enduré et craint, le péril effroyable si la tour nord s'était embrasée, l'effondrement de la façade évité de justesse. Il se souvient de tous ceux qui priaient et chantaient au pied de Notre-Dame en flammes.

D'ailleurs, je ne sais pas où il se trouvait ce soir-là, dans son archidiocèse du Nord sans doute. Un archevêque vigoureux et offensif venait d'être nommé dans la capitale et rien ne prédisposait alors Laurent Ulrich à quitter Lille si tôt et à devenir le pasteur de la métropole parisienne…

À la différence de Saint-Dié, à Paris tout aura été rapide et cela, on le doit à la création de l'établissement public, au choix du président de la République, à son implication dans le chantier, à la désignation du « général de Notre-Dame ».

Cet entretien ne pouvait pas avoir lieu sans que fût célébrée la personne d'un militaire dont l'archevêque reconnaît avoir redouté au début le caractère bourru avant d'apprécier, très vite, son engagement, son efficacité et sa connaissance inégalée de Notre-Dame.

Il se souvient de l'avoir vu épuisé en juillet, un mois avant sa mort. Jean-Louis Georgelin se donnait sans limite, il était en mission permanente et il ne connaissait qu'un registre : le service de la France. Au dire de son frère, qui s'est confié à Mgr Ulrich, cette ultime mission lui aura offert un rare épanouissement. Les derniers témoins qui l'ont croisé sur les chemins de haute montagne, sans le reconnaître, ont été frappés par son extrême fatigue.

Dans le salon jaune de la rue Barbet-de-Jouy passe soudain l'ombre sacrificielle du général, non plus en splendeur, mais au bout de ses forces…

D'autres ombres passent encore, celles des trois archevêques victimes de mort violente au XIXe siècle, Mgr Affre tué sur unc barricade en 1848 où il dispensait un message de paix, Mgr Sibour assassiné en 1857 par un prêtre déséquilibré et interdit, réfractaire à l'Immaculée Conception et promptement guillotiné, Mgr Darboy – dont le portrait est accroché sur l'un des murs de ce salon – fusillé à la Roquette en 1871.

J'amuse Mgr Ulrich en lui racontant que le bon Mgr Affre jouissait d'une telle popularité qu'on fit, à son effigie, des objets souvenirs tels que foulards et encriers de porcelaine peinte…

Il ne m'aurait pas déplu de voir, comme à Rennes jadis, la galerie des messieurs de Paris, mais la salle qui contient leurs portraits étant en réfection, seuls sont visibles les quatre derniers que je connais bien, le prélat aveyronnais qui irritait tant Jean Cau, l'inflexible et redouté cardinal juif, son successeur attachant et madré, avec ses airs et sa gouaille de titi parisien, l'archevêque médecin, obsédé d'éthique, dont le passage tint du météore…

Avant de prendre congé de mon hôte dont j'ai apprécié la disponibilité, l'amabilité, la simplicité et l'humour, je lui demande si, comme le bruit en a couru, le pape François viendra à Paris pour la réouverture de Notre-Dame.

« Non, me répond-il dans un mélange de malice et d'assurance. Et je le sais parce que je le lui ai demandé… »

Une rumeur de plus… Le pape estime que ses deux prédécesseurs immédiats ont déjà honoré la France, il préfère visiter les petits pays – ou les villes portuaires… – et l'âge est là ; de plus, sa venue fausserait l'événement et il semble que François veuille laisser au diocèse de Paris, et à son pasteur, la plénitude de cette fête.

« Ce n'est pas Notre-Dame du monde… », a laissé tomber l'archevêque, légitimement convaincu de la nécessité de donner, d'abord, à ce moment une portée diocésaine. Le temps du monde viendra, après.

Mgr Ulrich me raccompagne jusqu'au perron : la nuit tombe déjà et la façade blanche de l'hôtel Gautier de Rambuteau est tout illuminée. Dans une niche, il y a une statue du Christ en croix, saisi par la main du Père, qui pourrait avoir été placée là du temps du cardinal Lustiger. Je risque le nom de Touret. Mgr Ulrich affiche un franc sourire :

« C'est une œuvre de mon prédécesseur, Michel Aupetit, qui aime sculpter… »

20

Ainsi les foules de Paris et du monde entier vont revenir

Empruntant les axes immémoriaux, de la Provence à la Flandre, de l'Armorique à la Lorraine

De l'Atlantique au Pacifique

Et sans doute d'au-delà

Elles vont passer le seuil de la cathédrale lumineuse

Tout près du baptistère au couvercle creusé de vagues

L'émotion, on l'espère, les soulèvera quand elles découvriront la nef toute blanche, les chapelles rayonnantes, le chœur avec le bronze massif de son autel comme jailli de la pierre

L'incendie du funeste printemps ne sera plus qu'un lointain souvenir

Les grues, les échafaudages, les centaines de compagnons et d'ouvriers affairés

Comme au temps de l'édification de Notre-Dame

À la clameur de l'émerveillement succéderont le silence, le saisissement tacite face à une œuvre d'une telle ampleur

Et les fervents et les pèlerins, les passants et les curieux marcheront en file vers ce qui est le centre de la cathédrale

Le chœur avec ses stalles boisées, la tente noire du tabernacle posé sur le grand autel de Viollet-le-Duc, l'immense Pietà éplorée, la croix d'or et les deux monarques absolus

Le reliquaire de la sainte couronne

Même s'ils ne croient à rien, il y aura dans leurs pas dans cette lente remontée, un acquiescement timide, un balbutiement de foi, un abandon à l'espérance

Ils devineront soudain la présence d'une puissance qui les dépasse

Un mystère épousant le monde et rendu sensible par le voile immaculé des voûtes, les splendides roues chamarrées des verrières, leurs éclaboussures de feu sur le dallage, l'imposante table de bronze à la croisée du transept

Et la lumière, blonde, vibratile, comme montée du fleuve, fluide et déjà céleste, un pont de grâce entre Paris et la Jérusalem d'En Haut

Ils arriveront ces visiteurs, pleins de curiosité et d'admiration, remplis aussi de ce qui obscurcit et entrave les vies humaines, la tentation, l'imperfection, la fragilité, la finitude et la chute

Mais soudain ils se sentiront entraînés, appelés

Pas seulement par le lieu et son génie propre

L'inégalable beauté du vaisseau levé au cœur de l'île

Par une force autre, plus dépaysante, plus énigmatique aussi

Pas seulement celle d'un monument, l'écrin d'une « paroisse nationale » où flottent les nuages d'or et d'encens

Mais la nef où, comme dans les Passions jadis jouées sur le parvis au seuil de l'été, retentissent l'écho de la plainte d'une mère et la réponse lapidaire de son fils : « Accomplir faut les Écritures. »

Tout est dit, tout est écrit

Alors les foules remonteront en procession non pas vers la Pietà de Coustou

Non pas, non plus, vers l'admirable et secrète Vierge du portail nord privée de son enfant, mais vers celle du pilier, Notre-Dame, l'immémoriale, l'éternelle, la claudélienne, l'universelle

Leurs yeux se porteront sur cette statue au hanchement plutôt marqué, à l'élégance guindée, au sourire un peu triste

Notre-Dame rescapée des outrages, des saccages et des flammes

Et verront-ils, au-delà de l'immobilité statuaire, dans la beauté de la lumière traversant la muraille côté Seine, loin du gigantisme et de la démesure, ce qui est le secret primordial de la cathédrale insulaire

Cette intimité sensuelle

La fraîcheur et l'innocence du geste du Christ jouant avec l'encolure de la robe maternelle

La grâce tactile de l'enfance

L'humaine et totale simplicité du Verbe entré dans ce monde

La source même de l'Incarnation ?

Le Faou, Paris, Le Faou, 1er mai - 28 décembre 2023

REMERCIEMENTS

Je tiens à remercier très vivement Mgr Laurent Ulrich, archevêque de Paris, Mgr Olivier Ribadeau Dumas, curé-archiprêtre de Notre-Dame, Mgr Patrick Chauvet, son prédécesseur, actuel curé de la Madeleine, de m'avoir si aimablement reçu.

Ma gratitude va aussi à Guillaume Bardet, chargé de la réalisation du nouveau mobilier liturgique, et à Olivier Gabet, directeur du département des objets d'art du musée du Louvre. Et qu'il me soit permis d'avoir une pensée toute particulière pour le général d'armée Jean-Louis Georgelin †, peu avare de son temps, lorsqu'il m'avait accueilli à l'Élysée le 13 mars 2023.

Œuvres de Philippe Le Guillou (suite)

LES PLUS BELLES CITATIONS DE JEAN D'ORMESSON, *anthologie*, 2019 (« Folio entre guillemets », n° 22).

LE ROMAN INÉPUISABLE, roman du roman, *essai*, 2020.

LE TESTAMENT BRETON, *récit*, 2022.

BREST, DE BRUME ET DE FEU, *roman*, 2024.

Aux Éditions Artus

LA MAIN À PLUME, *essai*, 1987.

IMMORTELS, MERLIN ET VIVIANE, *récit*, 1991.

UN DONJON ET L'OCÉAN, *album*, 1995.

L'ARCHANGE ET LE DRAGON, *album*, 1996.

L'ORÉE DES FLOTS, *récit*, 1997.

DES BRETAGNES TRÈS INTÉRIEURES, *album*, 2000.

Aux Éditions du Mercure de France

L'INVENTAIRE DU VITRAIL, *roman*, 1983.

LES PORTES DE L'APOCALYPSE, *roman*, 1984.

LE DIEU NOIR, *roman*, 1987 (« Folio », n° 2195).

LES PROXIMITÉS ÉTERNELLES, *récits*, 2000.

LE DÉJEUNER DES BORDS DE LOIRE, *récit*, 2002 (« Folio », n° 4512).

LE DERNIER VEILLEUR DE BRETAGNE, *récit*, 2009.

LE CHEMIN DES LIVRES, *récit*, 2013.

LE PASSEUR, *essai*, 2019.

Chez d'autres éditeurs

JULIEN GRACQ, FRAGMENTS D'UN VISAGE SCRIPTURAL, *essai*, La Table ronde, 1991.

BROCÉLIANDE, *album*, Éditions Ouest-France, 1995.

CHATEAUBRIAND À COMBOURG, *essai*, Éditions Christian Pirot, 1997.

ÎLES, *album*, Éditions Terre de Brume, 1999.

PARIS, *récit*, Éditions Cristel, 2001.

JÉSUS, *biographie*, Éditions Pygmalion, 2002.

LE DÉPAYSEMENT, *récit*, Berg International, 2002.

LOUEDIN, *album*, La Bibliothèque des Arts, 2002.

CHATEAUBRIAND ET LA BRETAGNE, *essai*, Éditions Blanc Silex, 2002.

DÉAMBULATIONS, volume I, *essai*, Éditions Pygmalion, 2004.

DÉAMBULATIONS, volume II, *essai*, Éditions Pygmalion, 2006.

RICHARD TEXIER. *Theoria sacra : peintures*, Le Temps qu'il fait, 2009.

GUÉNOLÉ OU LE SILENCE DE L'AULNE, *essai*, Éditions Dialogues, 2012.

À ARGOL, IL N'Y A PAS DE CHÂTEAU, *essai*, Éditions Pierre-Guillaume de Roux, 2014.

SAINT PHILIPPE NÉRI. *Un ludion mystique*, *récit*, Dialogues, 2014.

MA PRESQU'ÎLE, *récit*, en collaboration avec Matthieu Dorval, Dialogues, 2015.

D'ARMOR EN ARGOAT, *récit*, en collaboration avec Matthieu Dorval, Dialogues, 2016.

LA SAINTE AU SABLIER. *Carnet d'un pèlerin*, Salvator, 2017.

L'ESCALIER DES BRUMES, *récit*, en collaboration avec Philippe Kerarvran, Dialogues, 2017.

LA PIERRE ET LE VENT, *essai*, Tallandier, 2019.

LE DIEU-CERF, *récit*, Fata Morgana, 2019.

COLOMBEY. *L'autre colline inspirée*, *essai*, Salvator, 2020.

LE MYSTÈRE RICHELIEU, *essai*, Robert Laffont, 2021.

LA FIN DES TERRES, *album*, Ouest-France, 2021.

PETIT CADASTRE PARISIEN, *récit*, en collaboration avec Philippe Kerarvran, Dialogues, 2022.

LA SAINTE AU ROCHER, *récit*, Salvator, 2023.

LES GRANDES MARÉES DU FAOU, *récit*, en collaboration avec Henry Kerisit, Dialogues, 2023.

LA CITÉ DES FLOTS, *récit*, Fata Morgana, 2023.

LA FUGUE À NOTO, *récit*, Terres du couchant, 2024.

Composition : IGS-CP à L'Isle-d'Espagnac (16)
Achevé d'imprimer par Normandie Roto Impression s.a.s.,
le 2 décembre 2024
Dépôt légal : décembre 2024
Numéro d'imprimeur : 2405277

ISBN : 978-2-07-308044-8 / Imprimé en France

639661